今すぐはじめる
手話テキスト

聴さんと学ぼう!

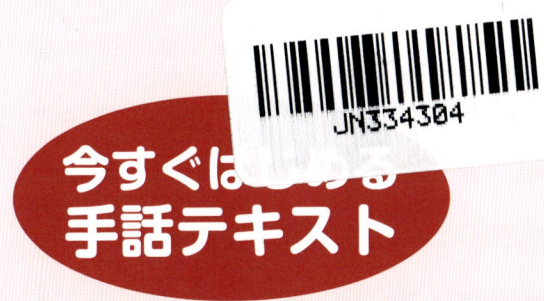

はじめに

「手話は身振り手振り、いやパントマイムみたいなものなのでしょうか?」とよく聞かれます。いえいえ、そうではありません。手話は、独自の文法を持ち、表情や身振りを用いて豊かに表現する視覚的な言語です。2006年12月に国連で採択された障害者権利条約、そして2011年に改正された障害者基本法で、手話は言語であると認められました。この手話を使って生活しているろう者は、みなさんの身の回りにたくさんいます。

かつて、手話を使うことは恥ずかしいことだと蔑まれてきましたが、現在はテレビや街で手話を見かけることが多くなり、社会に認知や理解が進みつつあります。しかし、その手話を使っているろう者が、聞こえる皆さんとコミュニケーションができず、日常生活で困ることが多いことについては、まだまだ理解が進んでいません。手話だけではなく、ろう者について知ってこそ、本当に「手話を学ぶ」と言えます。

みなさんが手話学習を通して、ろう者を取り巻く問題を学んでもらうことは、障害のある、なしに関係なく、お互いを思いやり、支えあえる社会づくりになりますし、私たちの心を豊かにしてくれる糧ともなるでしょう。

もくじ

テキストの構成と使い方

本書は、講師から手話を初めて学ぶ皆さんのための、手話教室などで使うグループ学習用のテキストです。

「聴さん」というろう者が、私たちの町、お隣りに越してきたという場面から始まり、さまざまな日常生活場面で、聴さんをはじめとするろう者と手話で会話をしながら、ろう者について知り、手話の基礎的な力を身につけることを目標に作られています。

テキストは、各講座とも「会話文」「この単語を覚えよう！」「ステップアップ」から構成されています。

「会話文」は聴さんをはじめとするろう者と会話しながら手話を身につけられるよう、会話文形式になっています。場面がイメージしやすいよう、聴さんや登場人物の手話イラスト、吹き出しで会話を表しています。講師の手話表現を見ながら、手話を覚え表現してみましょう。聴さんや登場人物の手話イラストは、手話表現をイメージするきっかけにしてください。

「この単語を覚えよう！」では、この講座で使われる手話単語、身につけてほしい手話単語を掲載しました。手話表現の予習、復習に役立ててください。

「ステップアップ」は、講座で学んだことを活かし、応用練習をしてみましょう。手話表現がわからないときは、講師に聞いてみましょう。

「知ってほしいこと」はろう者について皆さんにぜひ知ってほしいことを載せています。

さあ、聴さんと一緒に、魅力的で豊かな手話の世界を楽しみながら、手話を学びましょう。

はじめまして！
私はこの本に登場する
聴さん家族の友人です。

聴さんが新しい町に引っ越すので、一日も早くみなさんとお友達になれるようにお手伝いをさせていただきます。

みなさんのご近所でも手話で生活している人たちがいるかもしれませんし、手話を勉強したいとこの本を買われた方もいらっしゃると思います。

まず､学習する時のポイントをお伝えします。

手話は目で視ることばです。聞こえる人のことばは音声言語と言い､手話は視覚言語と言います。また日本語は書記ことばとして文字で記録に残すこともできますが、手話は文字で記録することができません。ですから学習する時は講師である聴覚障害者の手話（手の形や動き、表情）をきちんと視ることから始めましょう。手話は物の形や動き､漢字の形､歴史的な由来、ことばの意味や音から作られています。初めは戸惑うこともあると思いますがこのルールが分かると表現の幅が広がります。さあ、始めましょう！！

講座 1 自己紹介をしてみよう

はじめまして！　福《ふく》田《だ》聴《ちょう》です

★耳の聞こえない聴さんが自分と家族を紹介します。

はじめまして。
私の名前は福田聴です。

妻と息子の3人家族です。

これからよろしくお願いします。

この単語を覚えよう!

はじめまして

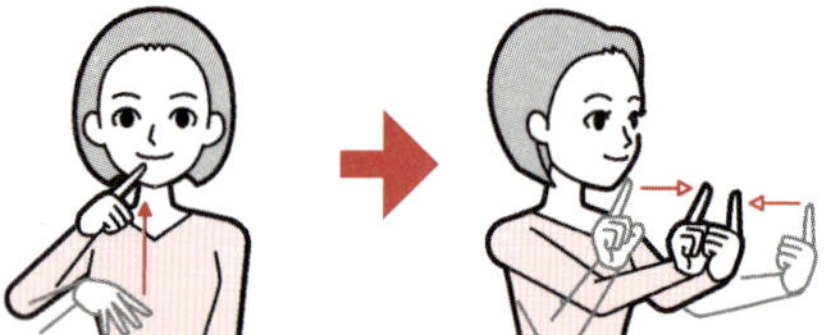

名前

ろう（聞こえない）

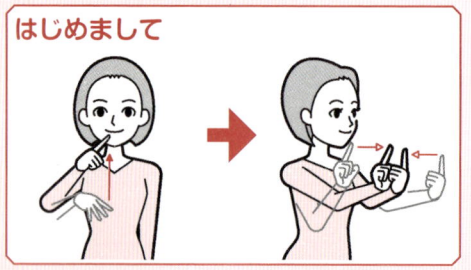

学習のねらい

手話で自分の名前を紹介してみましょう。
また、家族も紹介してみましょう。

聴さんの自己紹介を表現してみましょう

ワンポイント

「名前」の手話は、東日本と西日本で違うことがあります。自分の地域の手話を確認しましょう。

家族

妻

息子

よろしくお願いします

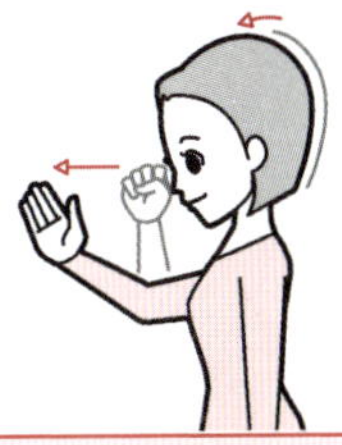

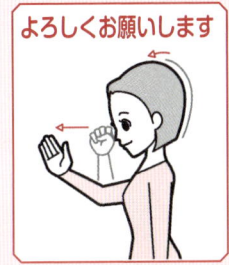

ステップアップ

●自分の名前を紹介しましょう

「私の名前は【　　　　　　　　】」

●自分の家族を紹介しましょう

「私の家族は【　　　　　　】【　　　　　　】【　　　　　　】」

この単語を覚えよう!

紹介

父

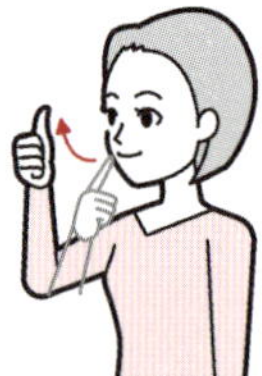

母

両親

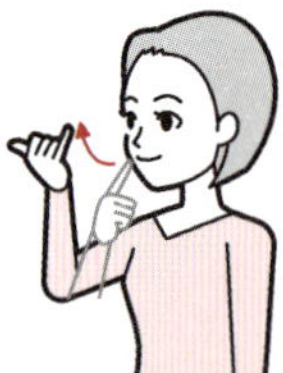

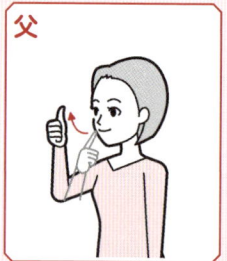

知ってほしいこと ①

「聞こえない」とは

みなさんは、今まで耳が聞こえない人と話したことはありますか？

耳が聞こえないことは外見からでは気づかれにくいため、周囲の人々に聞こえないことをわかってもらえなかったり、またコミュニケーションが取りにくく、そのために近所付き合いや役所での手続きの説明、病院での受診など、日常生活のいろいろな場面で困ることがたくさんあります。

そのため、聴覚障害者は地域や家庭など日常生活で孤立してしまいがちで、聴覚障害は「コミュニケーション障害」とも例えられます。

聞こえない人だと気づいたときは、思い切ってその人に手話や筆談などで話しかけてみてください。

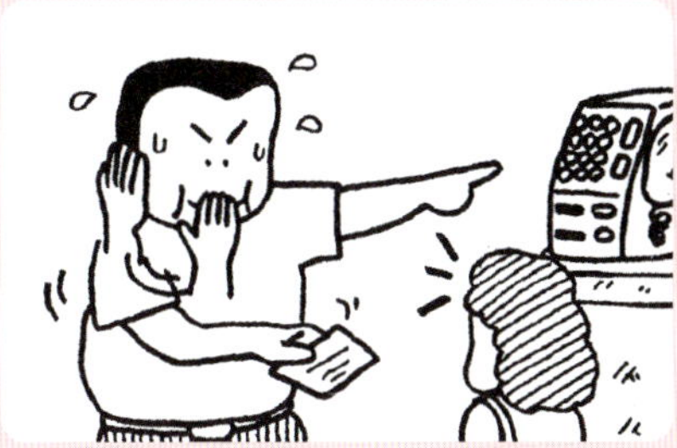

兄

弟

姉

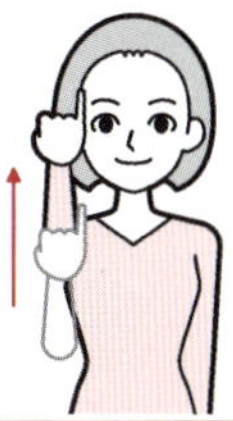

妹

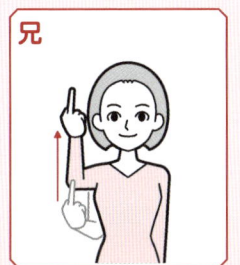

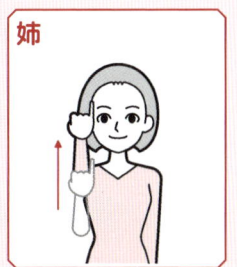

講座 2 あいさつしてみよう

お隣さんへのあいさつ

★引っ越しした聴さん一家が、お隣の田中さんへあいさつします。

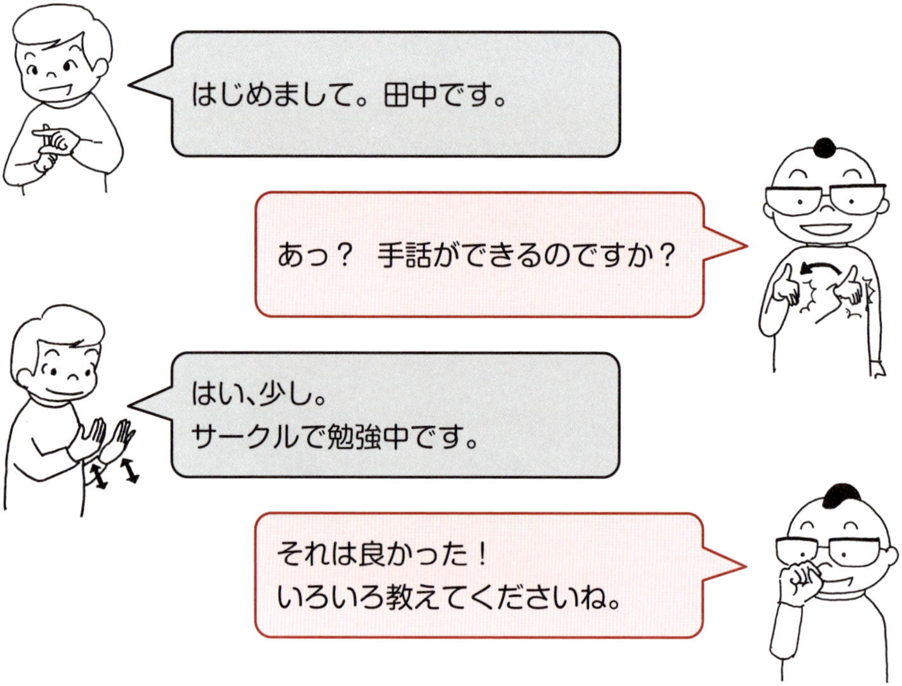

はじめまして。田中です。
あっ？　手話ができるのですか？
はい、少し。
サークルで勉強中です。
それは良かった！
いろいろ教えてくださいね。

この単語を覚えよう!

引っ越し

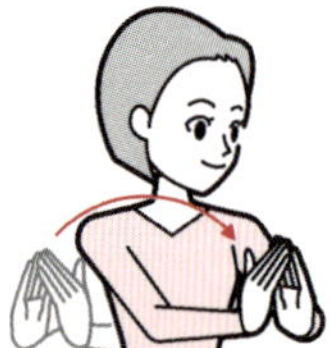

できる（大丈夫）

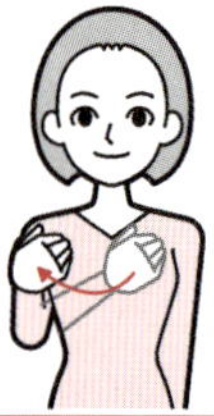

少し

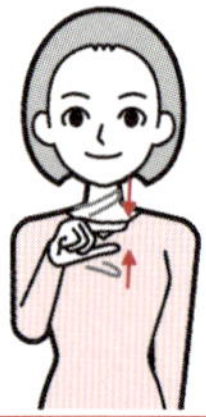

サークル

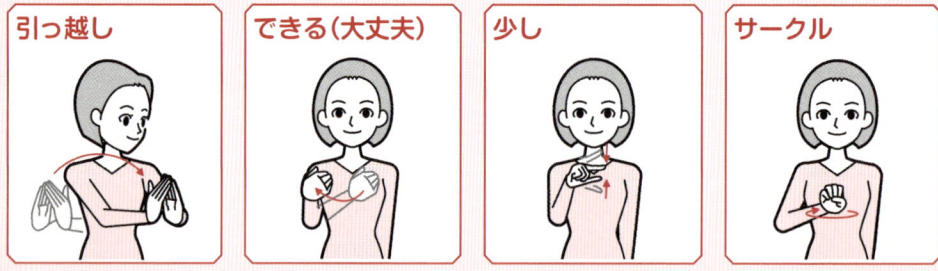

学習のねらい

初めて会った人へのあいさつや、質問の手話を学びましょう。
ろう者への伝え方には手話や、手話以外の方法があることを学びましょう。

会話文を表現してみましょう

ワンポイント

手話がわからない場合は、「メモ書き」を使って用件を伝える方法もあります。いろいろな方法を考えてみましょう。

勉強

良い

いろいろ

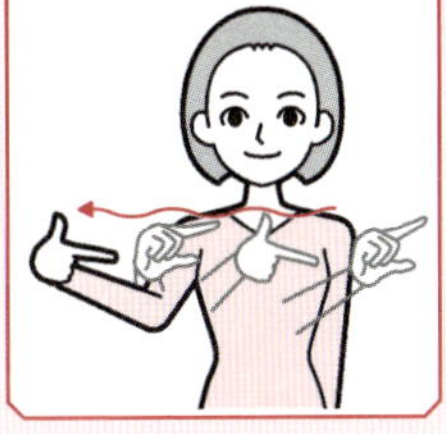

教える

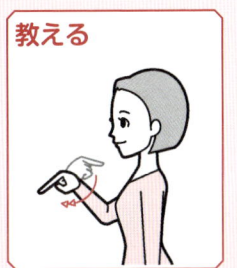

ステップアップ

●お互いに名前と家族を紹介しあってみましょう
※ペアもしくはグループになって、お互いに紹介しあってみましょう

1. 相手の名前をたずねましょう
「あなたの名前は何？」

2. 相手の家族をたずねましょう
「あなたの家族は？」
「私の家族は【 父 】【 母 】【　　】の【　】人」

この単語を覚えよう！

おはよう

こんにちは

こんばんは

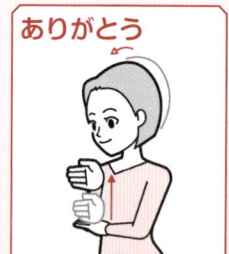

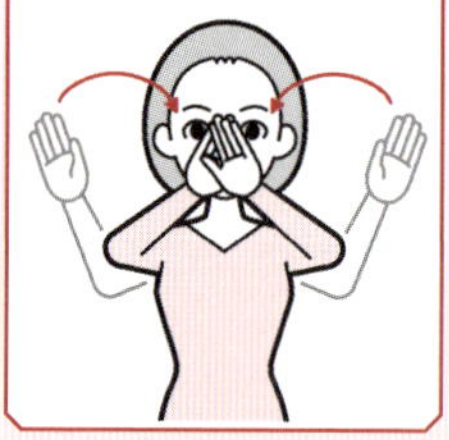

ありがとう

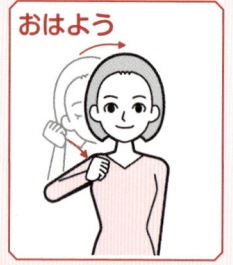

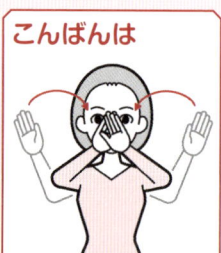

知ってほしいこと②

聴覚障害者との
コミュニケーション方法

聴覚障害者のコミュニケーション方法には、手話、筆談、口話などがあります。

たとえば、「手話」は手や指、そして体や表情などを使って話す言葉です。日本語や英語などを「音声言語」というのに対し、手話は「視覚言語」と言われていて、「手話」でコミュニケーションするろう者にとってはとても安心できる言葉です。また、紙や手のひらに字を書いて伝えあう「筆談」や、相手の口の動きを見て言葉を読み取る「口話」という方法でコミュニケーションをとる聴覚障害者もいます。

このように、聞こえなくなった年齢やその状態によってコミュニケーション方法は様々で、一人ひとり異なります。その人が一番話しやすい方法を選んで話しかけてみることも大切です。

筆　談

口　話

空書き

すみません

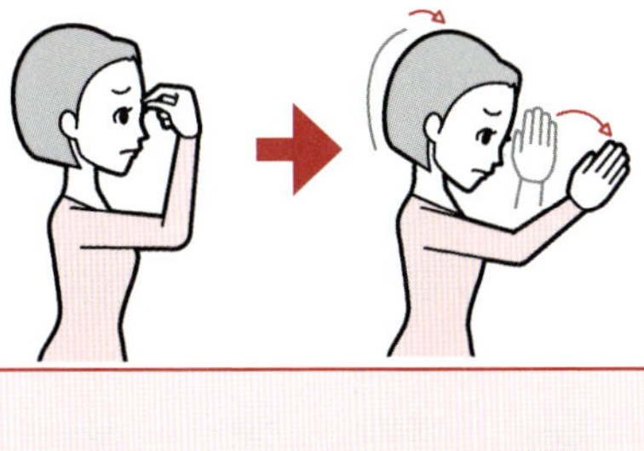

お疲れさま

悪い

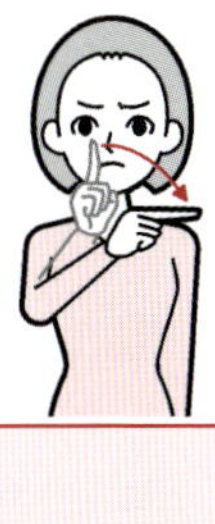

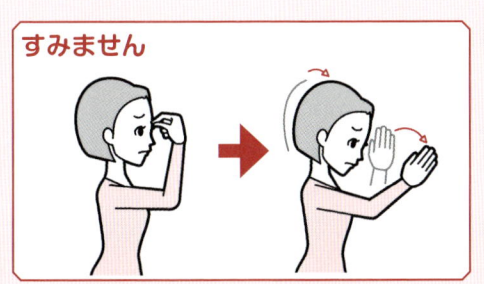

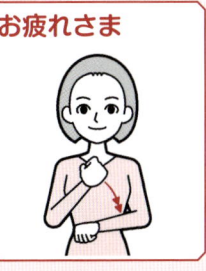

こんなときどうする？①

★聴さんと、少し手話のできる田中さんの会話のつづきです。

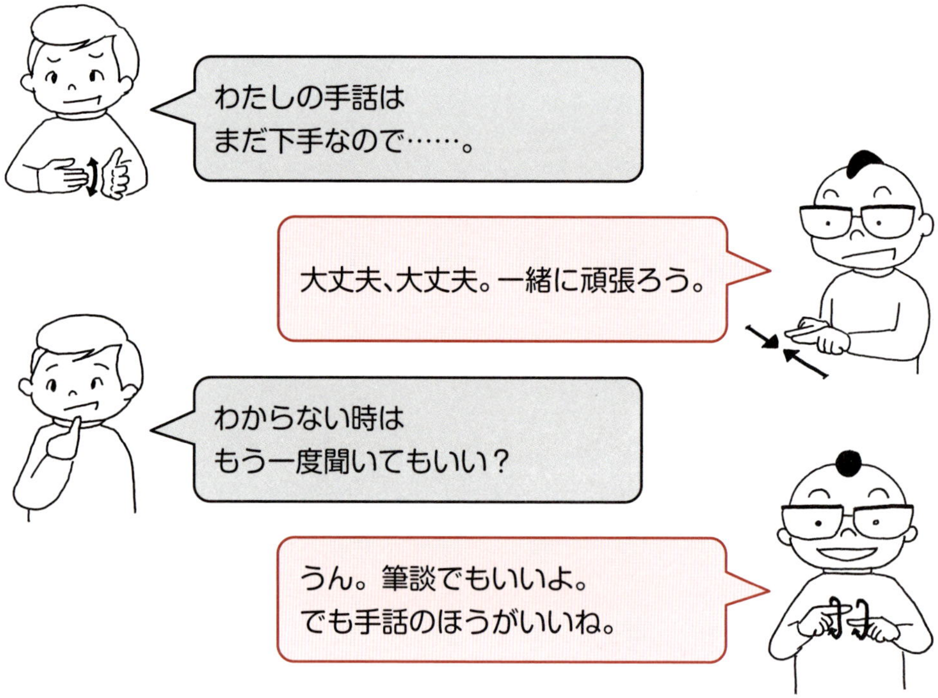
わたしの手話は
まだ下手なので……。
大丈夫、大丈夫。一緒に頑張ろう。
わからない時は
もう一度聞いてもいい？
うん。筆談でもいいよ。
でも手話のほうがいいね。

この単語を覚えよう!

下手

まだ

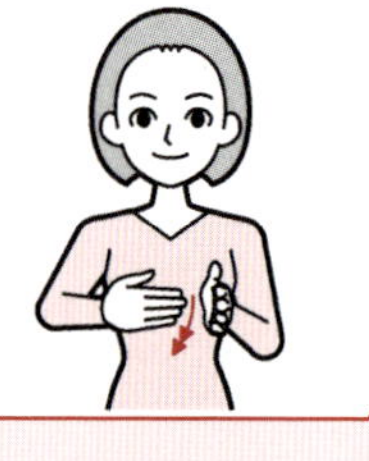

一緒

頑張る

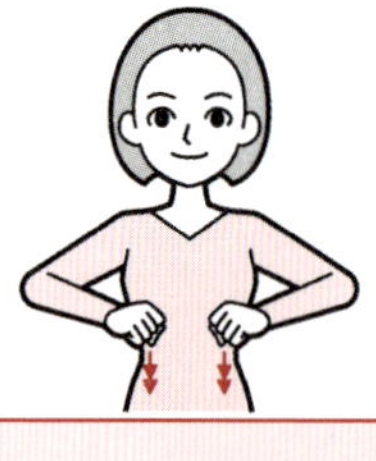

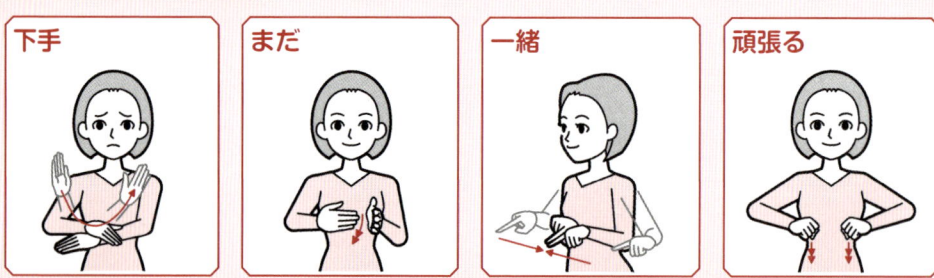

学習のねらい

ろう者へ手話で話しかけたとき、もし相手の手話がわからなかったらどうしたらよいのでしょう。
手話がわからなかったときの聞き返し方を学びましょう。

会話文を表現してみましょう

ワンポイント

ろう者の手話がわからなかったら、「もう一度お願いします」と手話で表わしてみましょう。

わからない

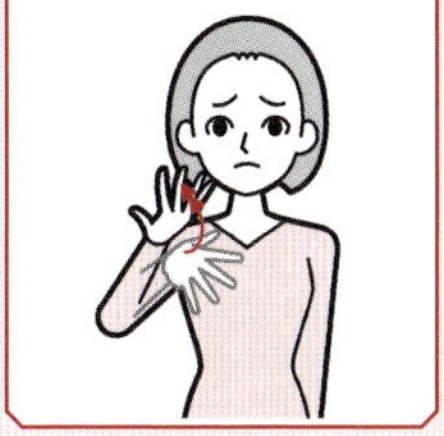

もう一度

質問

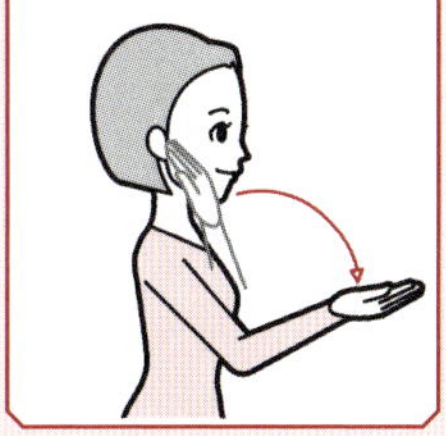

かまわない

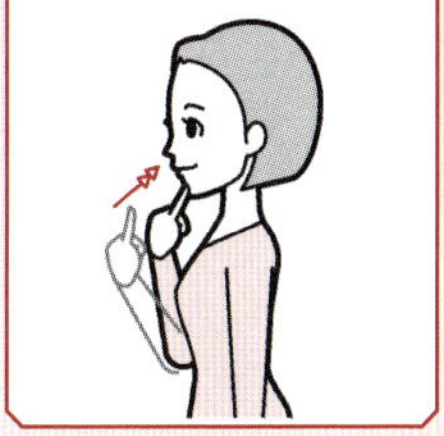

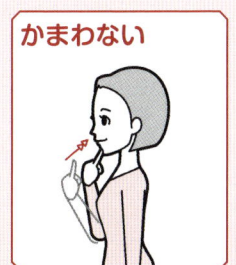

ステップアップ

●表現してみましょう

1.「今度、お祭りがあるので、
一緒に行こう」

2.「何が困ったこと
があったら、私に
言ってね」

この単語を覚えよう!

今度

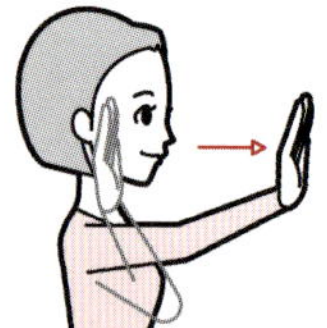

困る

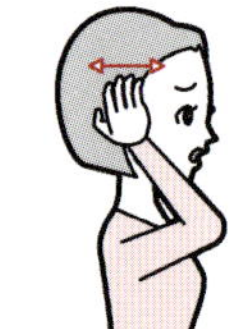

言う

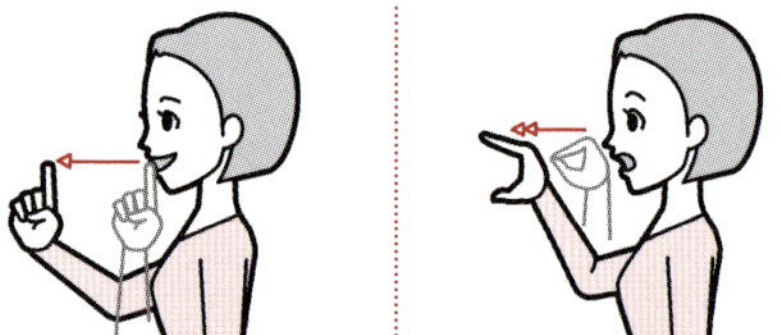

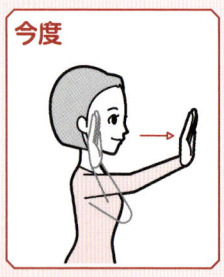

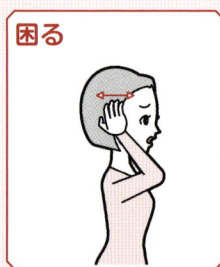

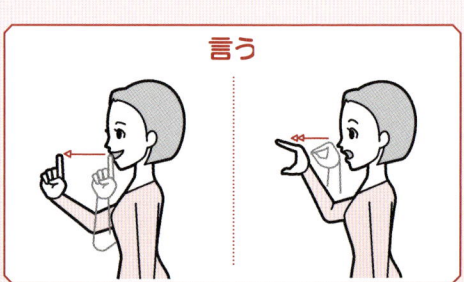

知ってほしいこと ③

手話を楽しく覚えよう

手話を学んでいくうちに、「手話を学ぶのって大変」と感じることがあるのではないでしょうか？

手話は学ぶコツをつかむと面白いですよ。例えば、「さようなら」や「野球」のようにジェスチャーから発展した手話、「山」「家」などその形を表現した手話、「会う」「帰る」のように、その状態や動きを表現した手話など、その手話の成り立ちがわかると覚えやすいですよね。そして、聞こえる人が声のトーンで感情を表すように、手話は表現の大きさや強弱、そして表情豊かに表現することで気持ちを伝えます。

初めはたどたどしい手話でも、思い切ってろう者に話しかけてみてください。そうすると、自然に手話はうまくなっていきますよ。

上手

わかる

覚える

遊ぶ

講座 4 数字や時間の表現を覚えよう

聴さんの職場で

★課長の聴さんと部下との朝の会話です。

おはよう。今日は早いね。
何時に出たの？

6時に出ました。朝早いのでバスと電車は空いてました。

朝早くからお疲れさま。
今日も1日がんばろう。

今日、午後3時から会議があります。よろしくお願いします。

この単語を覚えよう!

今日

早い

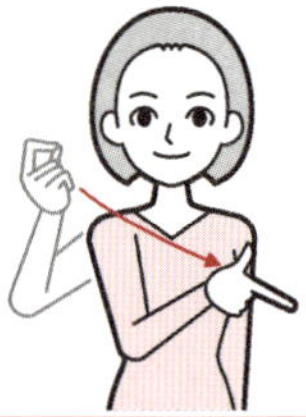

何時

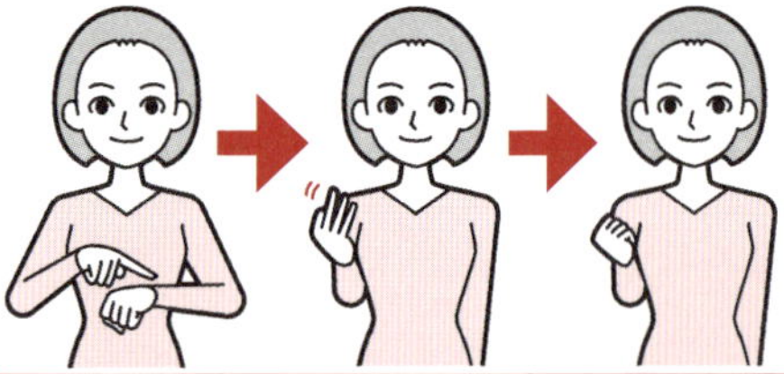

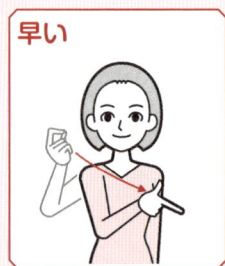

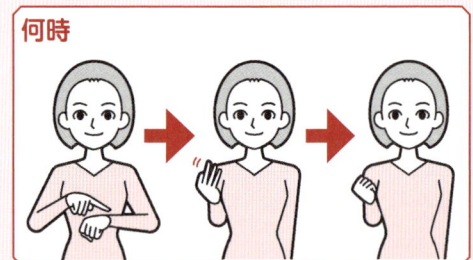

学習のねらい 数字や時間の手話を覚えて、1日のことを話せるようになりましょう。

●会話文を表現してみましょう

ワンポイント

時間を表わすとき、「6時」は「時」「6」と、数字をあとから表わすことが伝わりやすい表現です。

電車

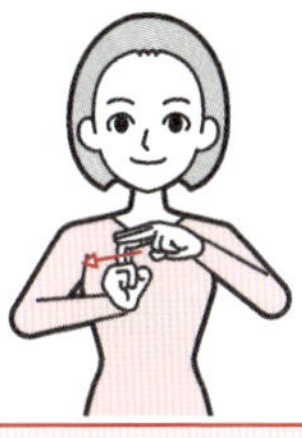

空《から》(空いている)

1日

午後

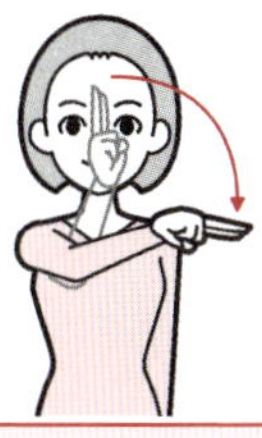

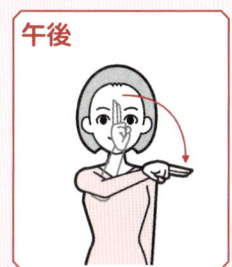

ステップアップ

●時間をお互いにたずねあってみましょう

A「いつも何時の電車に乗るの？」

B「【　　】時【　　】分」

A「仕事は何時から何時まで？」

B「【　　】時から【　　】時」

この単語を覚えよう！

いつも

分

駅

仕事

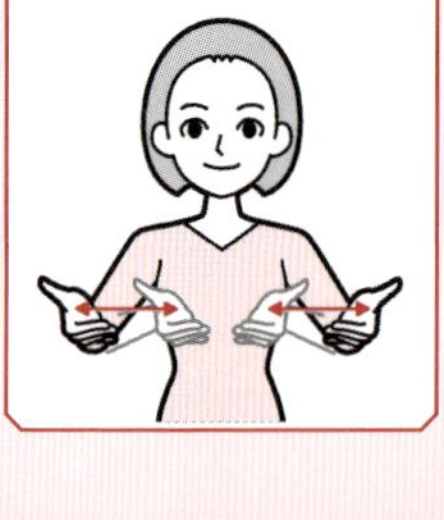

聞こえない人と働く

近年、ろう者は様々な職場で活躍していますが、聞こえないことで困ることがあります。例えば会議など集団で話し合うとき、誰が何を話しているのかわからなかったり、話の流れに追いつけません。また、仕事に関する資格取得や研修を受けたくても、手話通訳者をつけてもらえないために研修などに参加できず、自分のスキルを高めたり、可能性を引き出すことができないことも多くあります。

一方で、聴覚障害について理解がある企業では、研修や資格取得、会議の場面で手話通訳者を配置している良い例もあります。もっと多くの企業が、聞こえる人とろう者が共に働ける職場環境作りを目指して欲しいですね。

午前

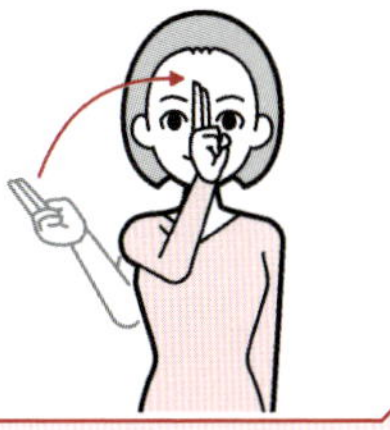

始まる

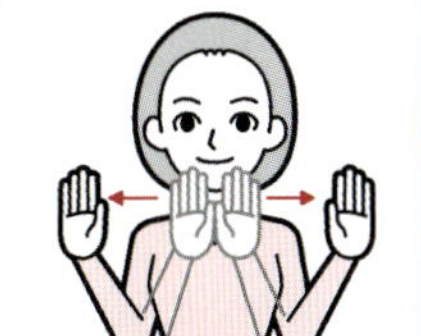

終わる

遅い

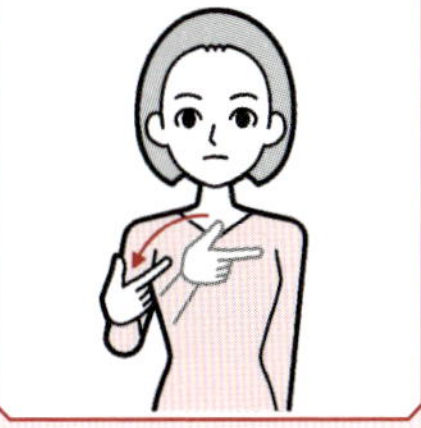

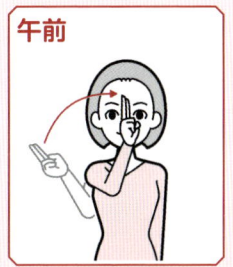

講座 5 趣味のことを話そう

聴さんの趣味は？

★手話サークルの仲間が聴さんに趣味についてたずねています。

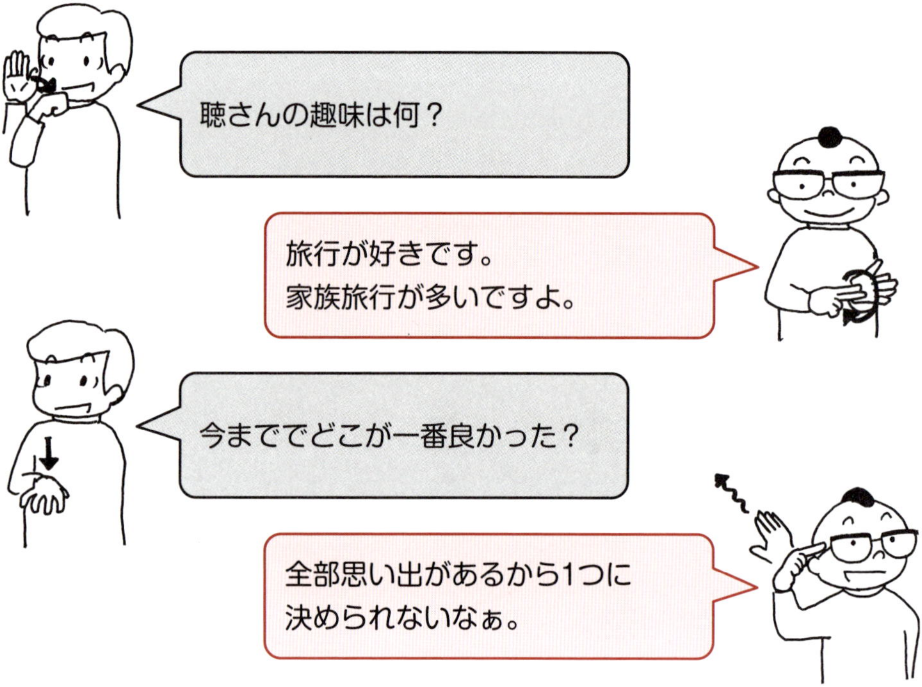
聴さんの趣味は何？
旅行が好きです。
家族旅行が多いですよ。
今まででどこが一番良かった？
全部思い出があるから1つに
決められないなぁ。

この単語を覚えよう!

趣味

何？

旅行

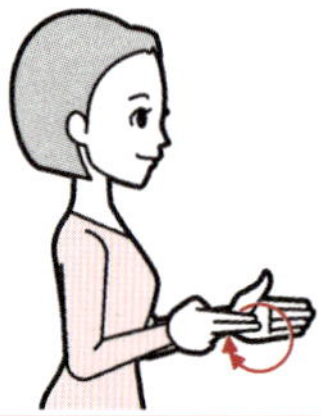

好き

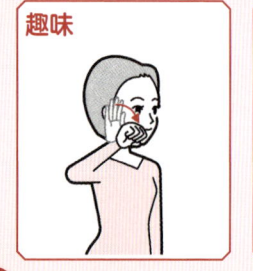

学習のねらい 趣味の手話を学んで、趣味や好きなことを話せるようになりましょう。

会話文を表現してみましょう

ワンポイント

趣味に関する手話は動作からイメージされたものが多いので、手話がわからないときは身振りで表現してみましょう。

全部

思い出

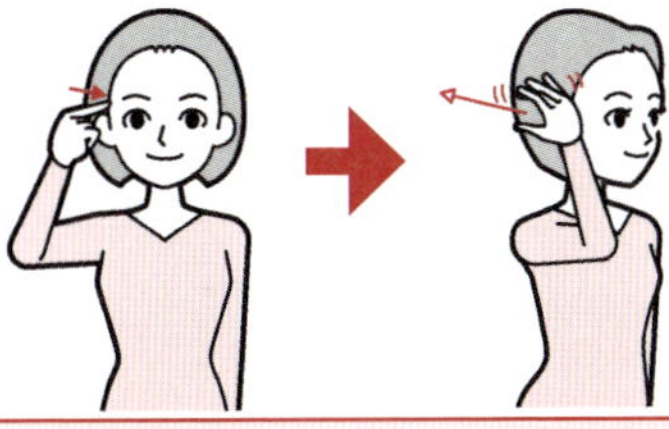

決める

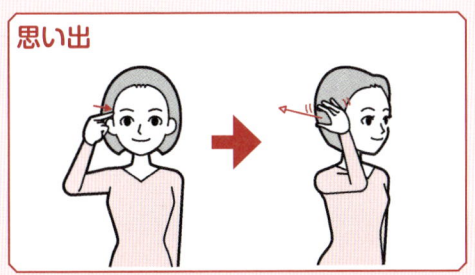

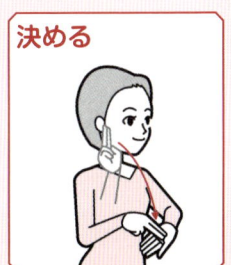

ステップアップ

●趣味をお互いにたずねあってみましょう

A「あなたの趣味は何？」

B「私の趣味は【　　　　　】【　　　　　】【　　　　　】の3つ」

A「あなたの好きなスポーツは何？」

B「私は【　　　】が好き」

●「好き・嫌い・上手・下手・得意・苦手・できる・できない」の単語を使って、お互いにたずねあってみましょう

この単語を覚えよう!

嫌い

簡単

できない（難しい）

得意

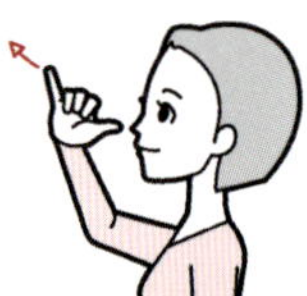

地域の手話サークルへ行ってみよう

1963（昭和38）年に京都で、日本で初めての手話サークル、京都市手話学習会「みみずく」が誕生しました。その「みみずく」が結成当時から掲げてきた目的には、手話を学ぶだけでなく「ろうあ者の良き友となり、すべての人に対する差別や偏見をなくしてゆくために努力し…（以下略）」とあります。手話サークルはこの目的が示すように、手話を学び、ろう者と聞こえる人が共に歩み、聴覚障害について理解を深め、そして差別のない地域社会へと変えていくために大きな役割を果たしてきました。

何よりも、手話サークルはろう者の生きた手話を学べる楽しいところです。ぜひ、みなさんも一度地域の手話サークルへ行ってみてください。そしてろう者と共に歩む手話学習者になってくださいね。

苦手

スポーツ

映画

料理

聴さんとおでかけ

★今度の休日のことを相談しています。

お母さん、今度の休み
買い物に行こう。
何を買いたいの？
本とかDVDとか、いろいろ。
お父さんと一緒に行こう。
どこへ行きたい？
駅前のデパートがいい。

この単語を覚えよう!

休み

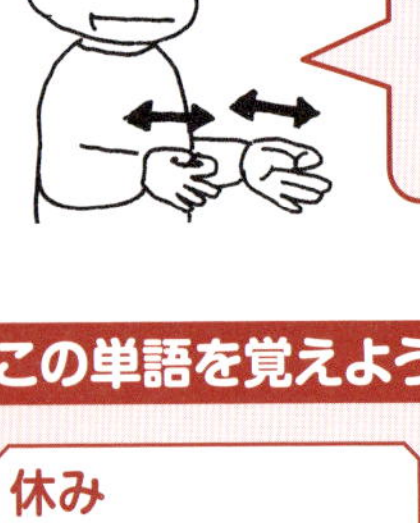

買い物

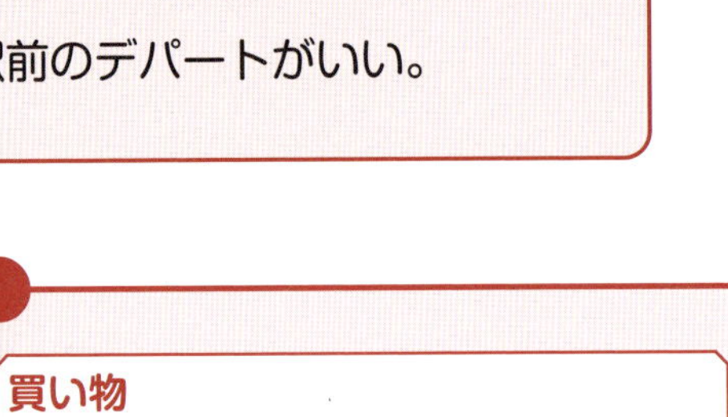

～したい

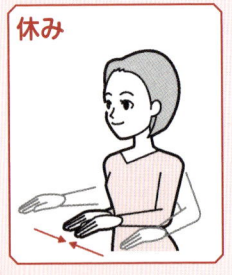

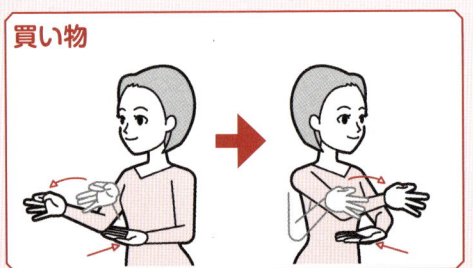

学習のねらい 場所の手話を覚えながら、行きたいところの話ができるようになりましょう。

●会話文を表現してみましょう

ワンポイント

「～したい」と「好き」の手話表現は同じです。使い方を覚えましょう。

本

DVD

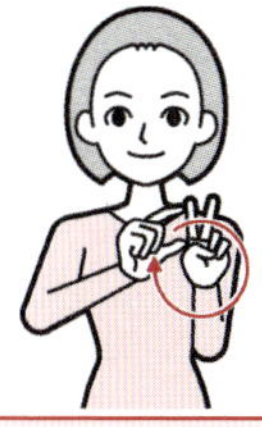

デパート

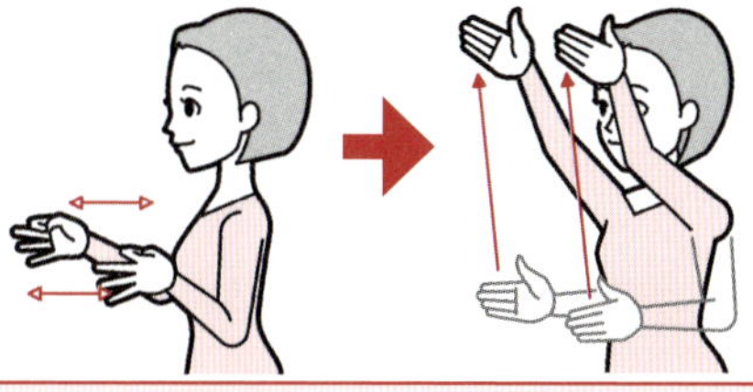

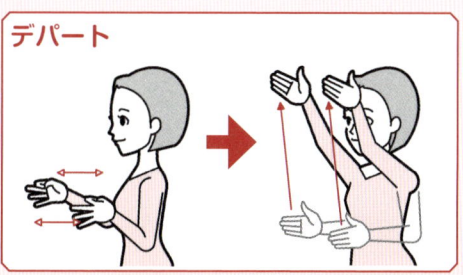

講座 6 行きたい場所の表現を覚えよう

ステップアップ

●行ってみたいところ、良かった場所をお互いにたずねあってみましょう

1.「今まで行った場所（良かった場所）はどこ？」

2.「今度、行ってみたい場所はどこ？」

この単語を覚えよう!

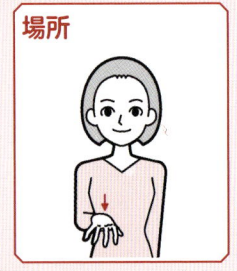

場所

海

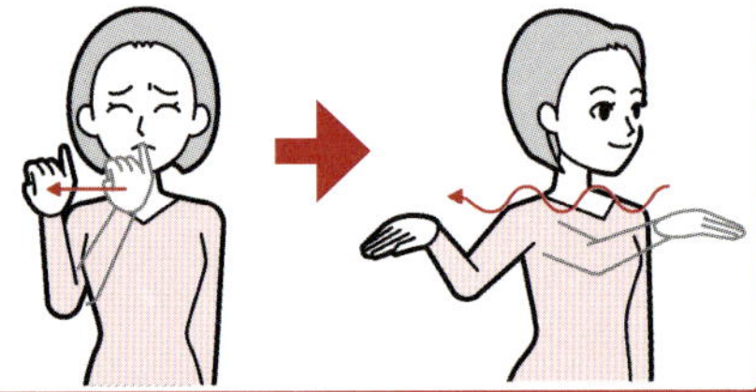

山

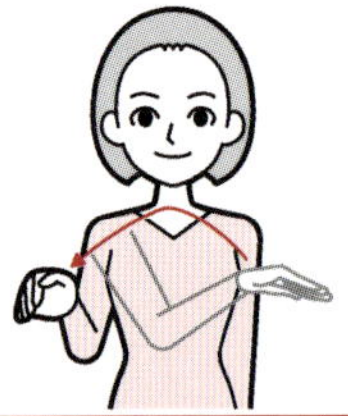

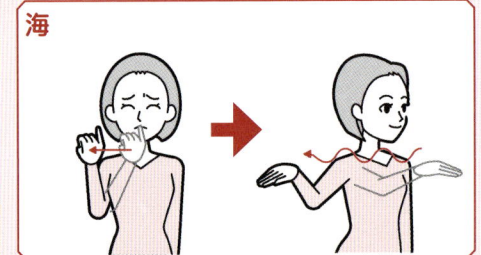

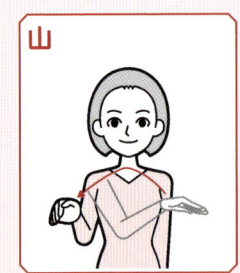

みなさん、
ここまで学習してきて
いかがですか？

手の動きには慣れましたか？　右と左どっちが上だっけ？と悩んでいませんか？　私たちには利き腕があるので、表現しにくいと思ったら、講師に聞いてください。

また、教えてもらってもすぐ忘れてしまうと悩んでいる方はいませんか？　大丈夫です。繰り返し使っていたら覚えられます。ですから全部覚えなくては！　と焦らずに正しく視る力を身につけ、1つ1つ丁寧に覚えていきましょう。

こんなときどうする？②

★子どもが急におなかが痛くなったようです。
引っ越してきたばかりでどこに病院があるかわかりません。

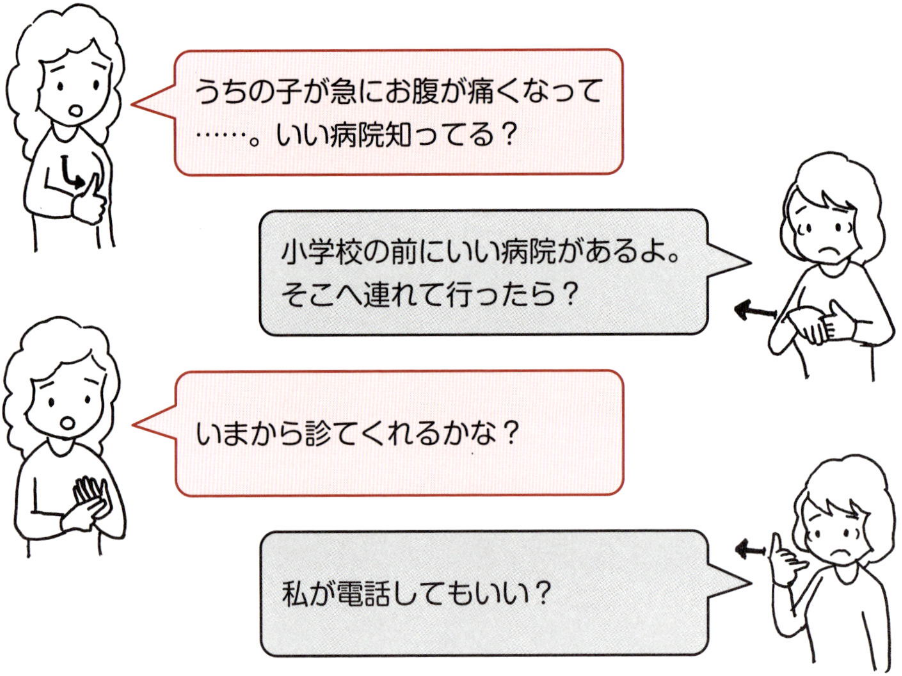
うちの子が急にお腹が痛くなって
……。いい病院知ってる？
小学校の前にいい病院があるよ。
そこへ連れて行ったら？
いまから診てくれるかな？
私が電話してもいい？

この単語を覚えよう!

急に

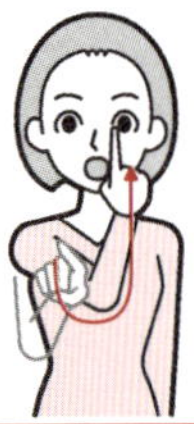

痛い

病院

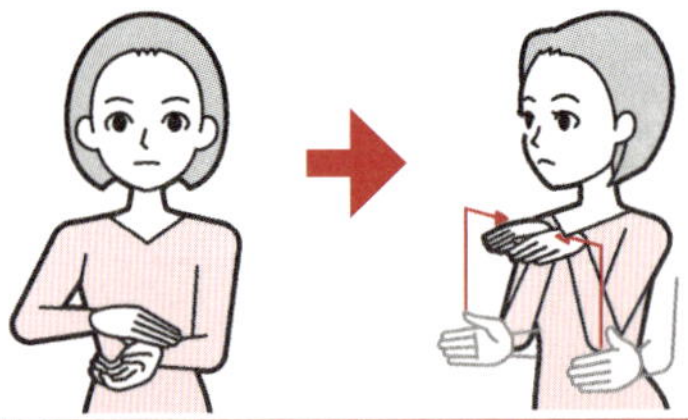

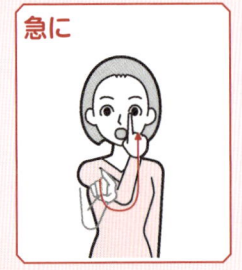

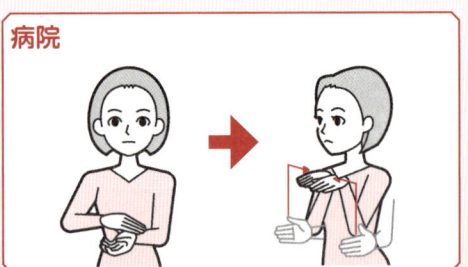

学習のねらい　急病の場面を例に、ろう者が何か困ったときに何ができるか考えてみましょう。

●会話文を表現してみましょう

ワンポイント

「電話」の手話は、電話の形によって手の形が変わります。使う電話によって手話も使いわけてみましょう。

〜から

連れていく

診てもらう

電話

ステップアップ

●お互いに話してみましょう

A「階段から滑って、足をけがして歩けません。
すみませんが、助けてください」

B「大丈夫ですか？　救急車を呼びますので、
そのまま動かないでください」

この単語を覚えよう!

すべる

けが

助けてもらう

呼ぶ

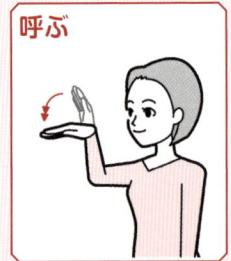

こんなときどうする？

日本聴力障害新聞2005年8月号

日本聴力障害新聞2001年1月号

明日、サッカーの試合だね

★明日は子どものサッカーの試合。応援に行く相談をしています。

明日息子のサッカーの試合だね。
応援に行こう。

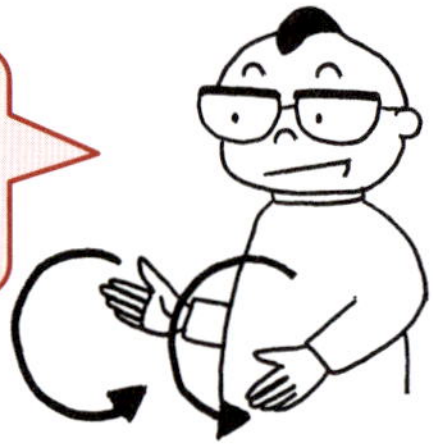

朝7時からスポーツ公園だね。

雨が心配だから車で
行きましょう。

そうだね。でも、晴れたらいいね。

この単語を覚えよう!

明日

サッカー

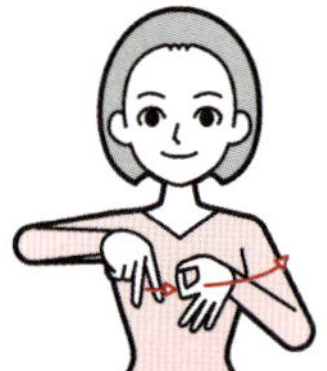

応援

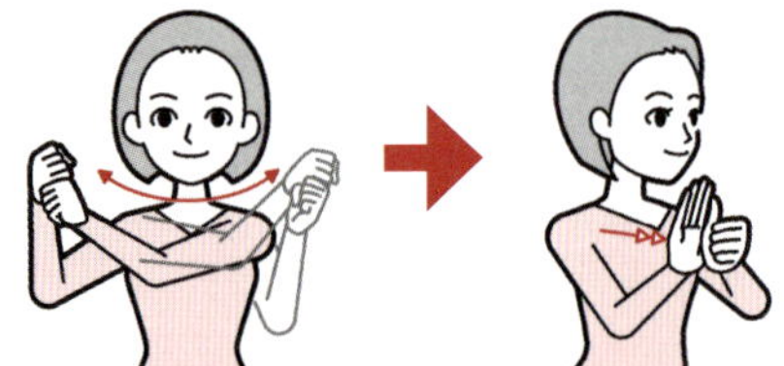

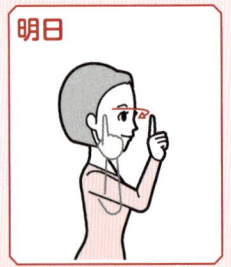

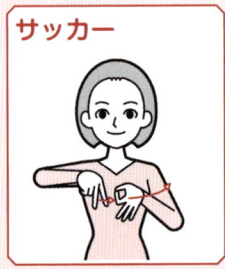

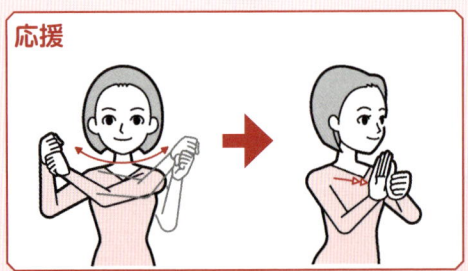

学習のねらい　お天気や、目的地への行き方について手話で話せるようになりましょう。

●会話文を表現してみましょう

ワンポイント

「車で行く」は、自動車の形を表わした手話と運転する様子を表わした手話があります。

雨

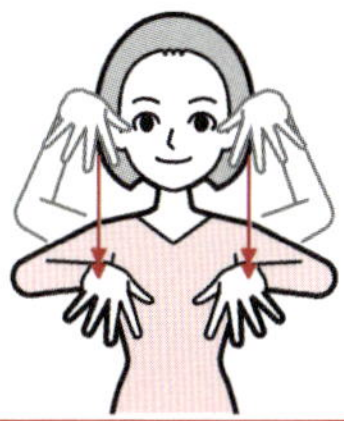

晴れ

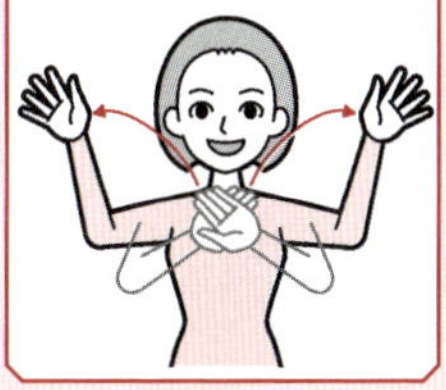

心配

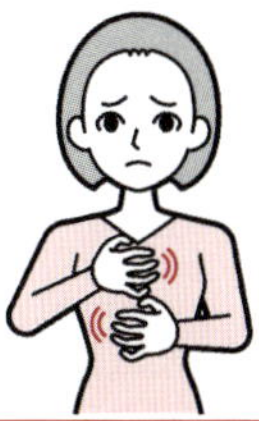

車

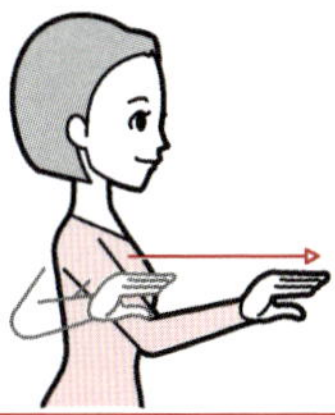

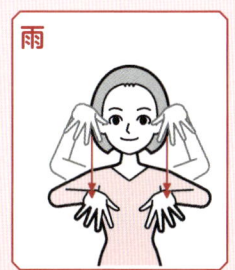

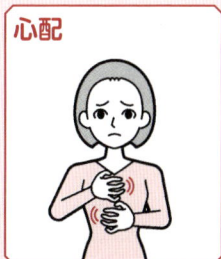

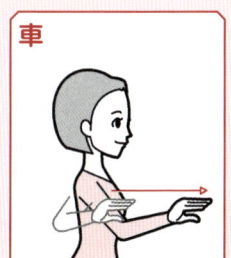

ステップアップ

●お互いに話してみましょう

A「あなたの家はどこ？」

B「わたしの家は
【 市・町 】」

A「【 場 所 】までの通勤／通学方法は何？」

B「【 】で通勤／通学するよ」

この単語を覚えよう!

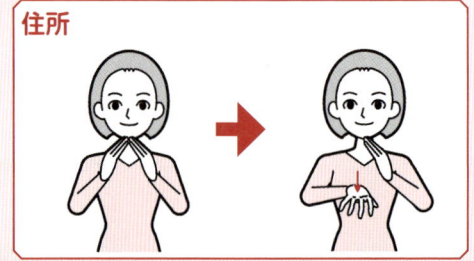

住所

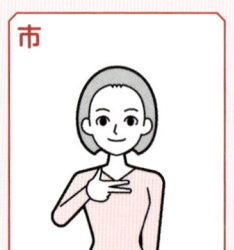

市

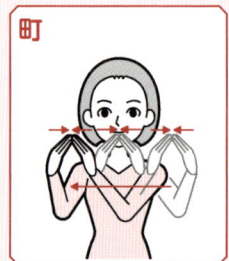

町

「聴さん」ってどんな人？

「聴さん」は「日本聴力障害新聞」(略称:日聴紙)に1988年10月号から2017年9月号まで29年間、338回連載された4コママンガです。

仕事、手話指導、ろう運動に忙しく飛び回る聴さん、そのパワフルな活躍ぶりとちょっとおっちょこちょいな一面は、いつも読者に笑いと元気を与えてくれました。

そんな「聴さん」の158作品を厳選し、まとめた「聴さん今日も行く!」が好評発売中です。とってもステキな「聴さん」に会えますよ。

JAPANESE DEAF NEWS
日本聴力障害新聞
2014年8月1日
手話言語法の制定をめざして
全議会での意見書採択を
緊急時のろう者への情報、正確に

「日聴紙」は全日本ろうあ連盟の機関紙です。1948年の発行以来、連盟の活動だけでなく国内外のろう者や手話に関わる情報などを報道し続けています。

手話を学ぶだけでなく、同時にろう者やろう者を取り巻く情勢を知ることも大切です。皆さんもぜひ「日聴紙」を読んでみてくださいね。

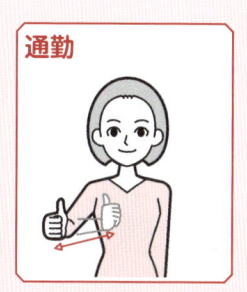

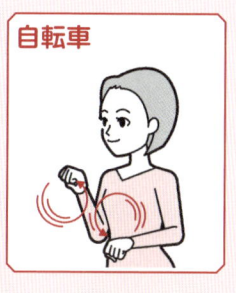

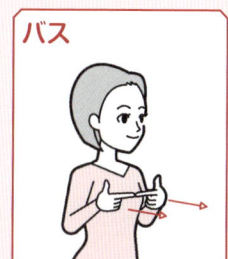

通勤

通学

自転車

バス

講座 9 買い物とお金の表現を覚えよう

この傘いいね！

★聴さんの奥さんが傘を選んでいます。

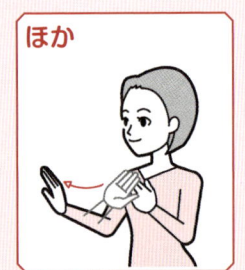

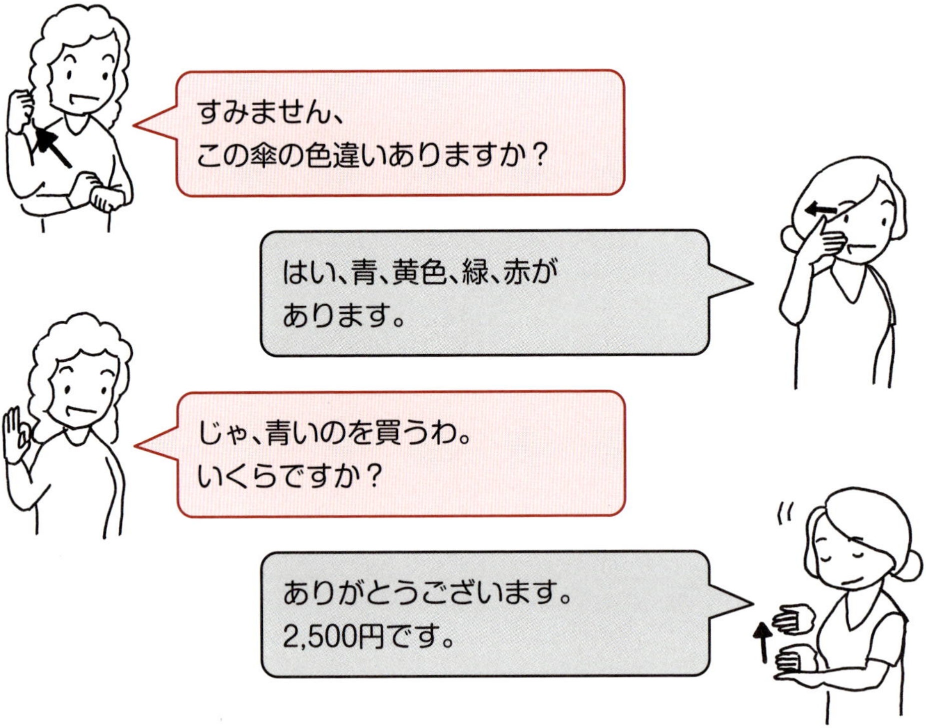
すみません、
この傘の色違いありますか？
はい、青、黄色、緑、赤が
あります。
じゃ、青いのを買うわ。
いくらですか？
ありがとうございます。
2,500円です。

この単語を覚えよう!

傘

色

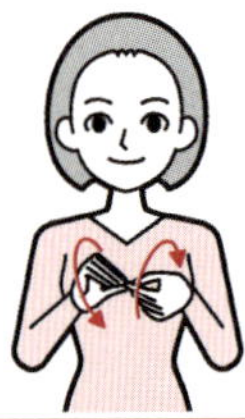

ほか

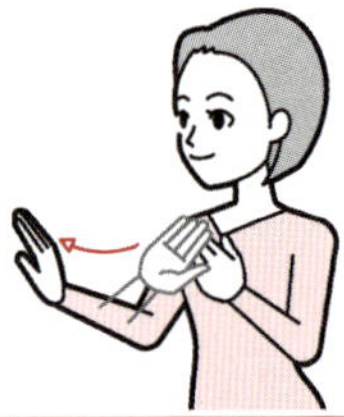

赤

学習のねらい

ろう者からお店の商品について聞かれたら、どのように答えますか？　買い物の場面での手話表現を学びます。

●会話文を表現してみましょう

ワンポイント

「色」の手話表現は地域により異なります。54ページの表現と自分の地域の表現を比べてみましょう。

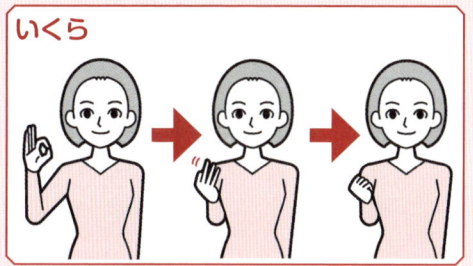

買う

いくら

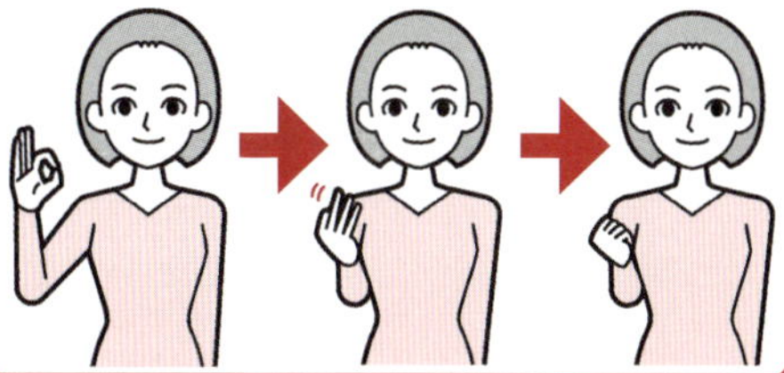

円

ステップアップ

●お互いに話してみましょう

A「昨日、スーパーで【　品　物　】を【　金　額　】で
買ったよ」

B「高い！　駅の近くにあるスーパーは
【　金　額　】だったよ」

A「安いね、
今度行ってみようかな」

B「お勧めよ」

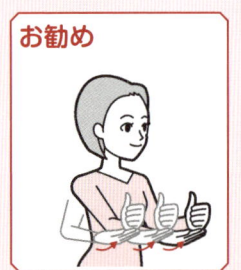

この単語を覚えよう!

高い

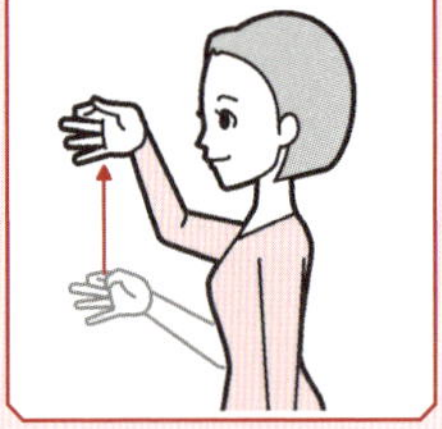

安い

お勧め

売る

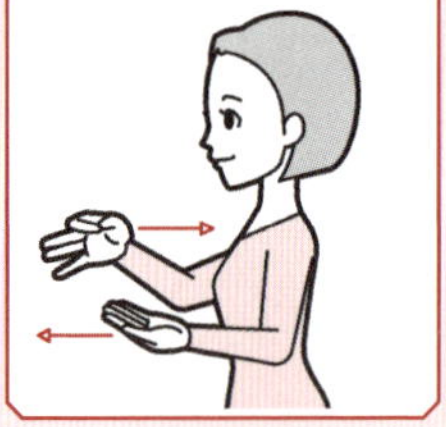

描き下ろし

みんなが手話をできるようになると…

講座 10 ろう者の生活を知ろう

聴さんの経験談

★聴さんが子どもたちに、自分の生活について経験談を話しました。

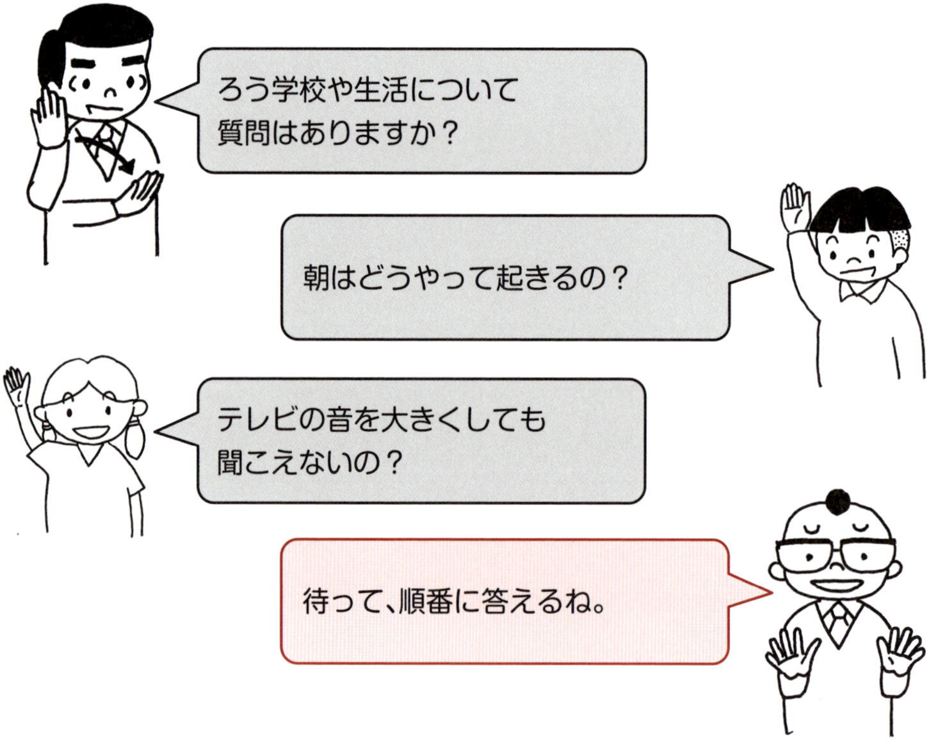
ろう学校や生活について質問はありますか？
朝はどうやって起きるの？
テレビの音を大きくしても聞こえないの？
待って、順番に答えるね。

この単語を覚えよう！

ろう学校

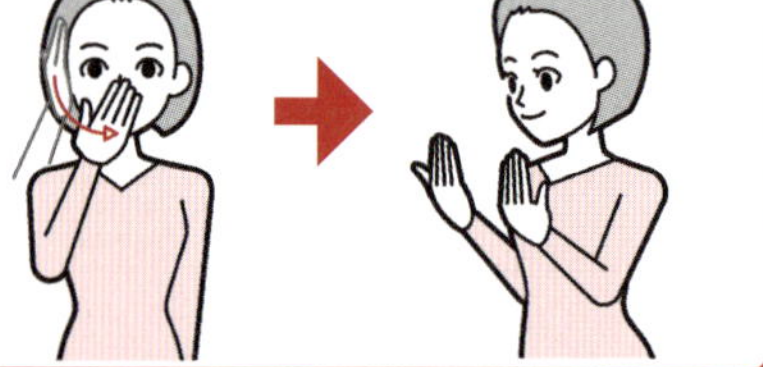

生活

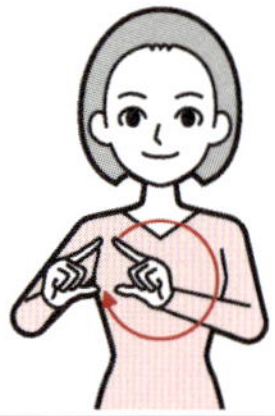

方法

学習のねらい

ろう者は聞こえないことでどんなことに困るのでしょうか。手話での質問の仕方を練習し、ろう者の生活について知りましょう。

●会話文を表現してみましょう

ワンポイント

ろう者と手話がわからない聞こえる人が話すときは、手話通訳者がお互いの話を通訳して伝えます。

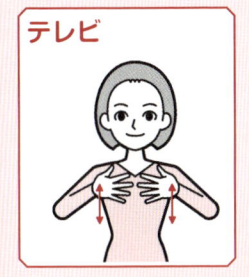

テレビ

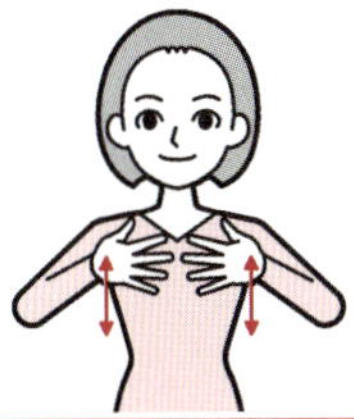

待つ

順番

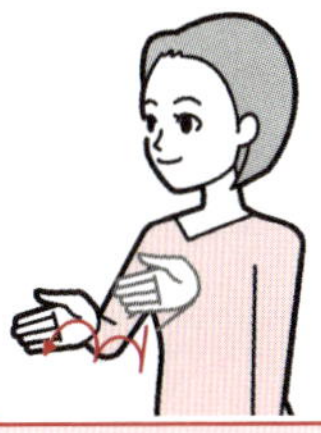

答える

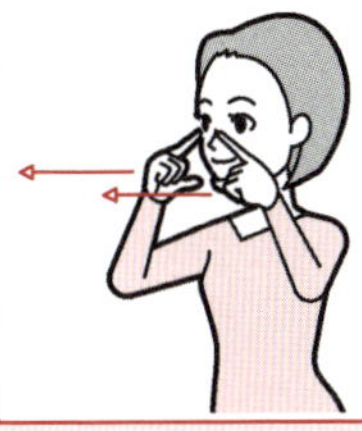

ステップアップ

●お互いに話し合ってみましょう

昨日は、どんな一日だったでしょうか
一日の生活を話してみましょう

●ろう者の生活について、皆で話し合ってみましょう

どのようなことが困るのでしょうか？
どのような助けが
　あればいいのでしょうか？

この単語を覚えよう!

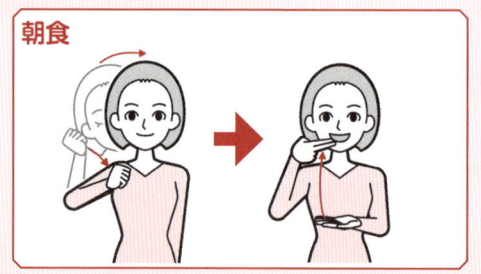

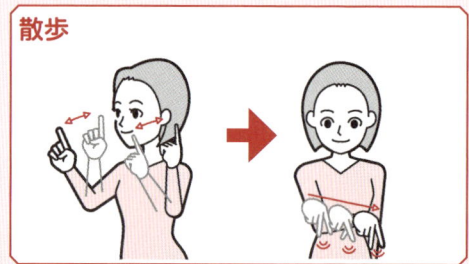

朝食

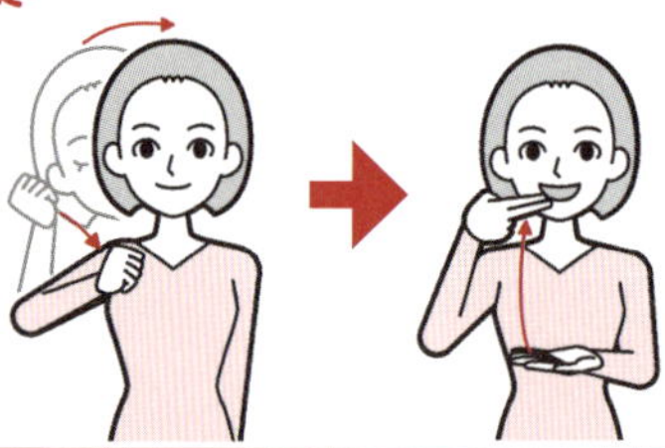

散歩

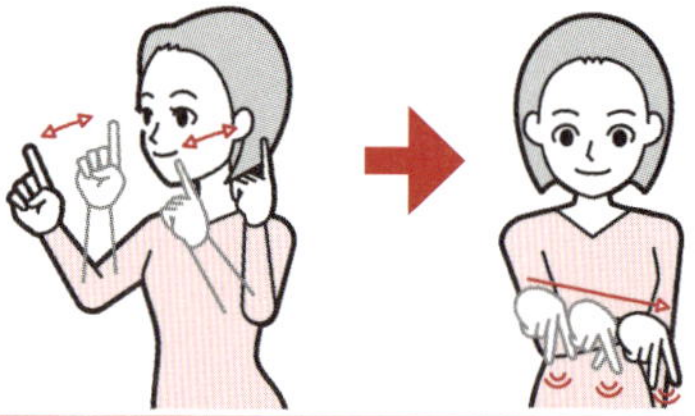

知ってほしいこと ⑥

ろう者が生活で困ること

コミュニケーションは生きていく上でなくてはならないものです。そして、コミュニケーションのほとんどは音声で行われます。しかし、音声を聞くことができないろう者は、生きていく上で大きな不便や困難を抱えています。

ろう者は、例えばインターホンやテレビの音声が聞こえません。そして家族が急病のとき119番に電話をかけることができない上に、病院での受診の際も、聞こえないために相手の話がわかりません。聞こえる人には普通にできることが、ろう者にとっては困難です。

地域や職場・学校などで、ろう者も聞こえる人たちと一緒に暮らし、働き、学んでいますが、コミュニケーションができないことで孤立してしまいます。

新聞

風呂

掃除

洗濯

台風が来たら……

★台風が来そうです。学校にいる子どもたちのことが心配なお母さんたちの会話です。

台風が来るから大雨が心配だね。

子どもを迎えに行くの？
学校からの連絡方法は？

大雨警報が出たら、
学校から一斉メールが来ますよ。

そう。様子をみて、
待っていればいいですね。

防災放送があったら、
また伝えますね。

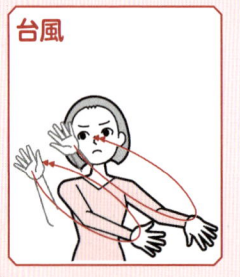

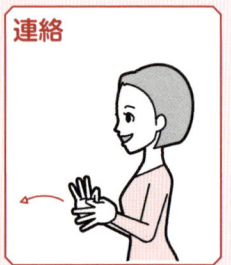

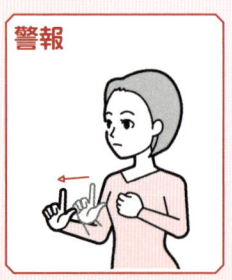

この単語を覚えよう!

台風

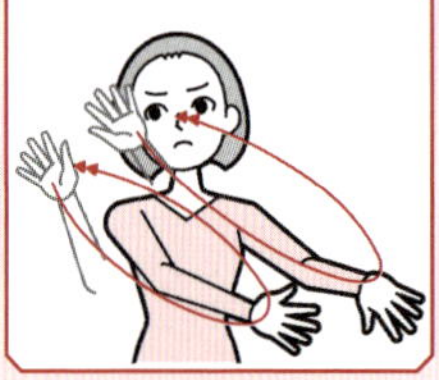

連絡

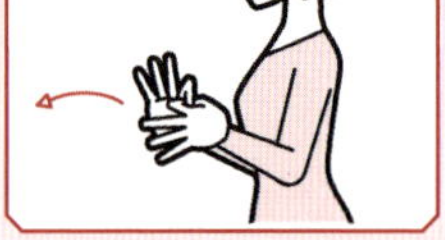

警報

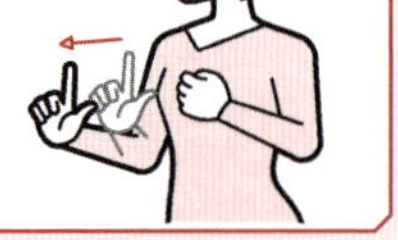

メール

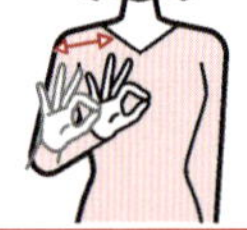

学習のねらい　災害に関する手話を学んで、ろう者と防災について考えてみましょう。

会話文を表現してみましょう

ワンポイント

災害が起こったとき、ろう者はどのようなことに困るのでしょうか。

様子

防災

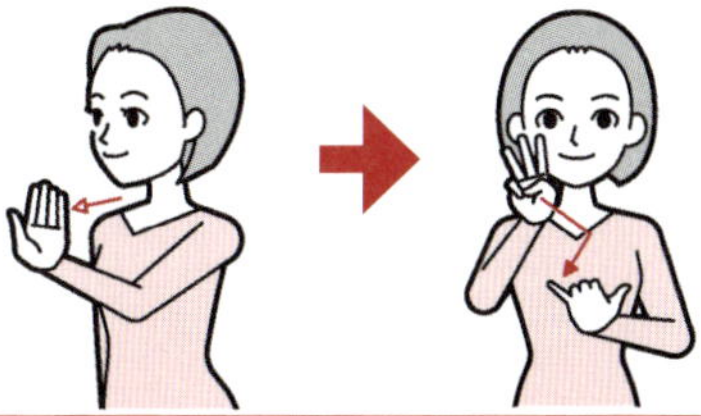

放送

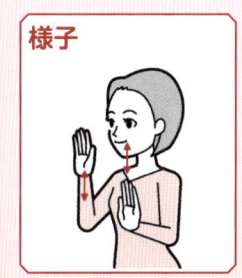

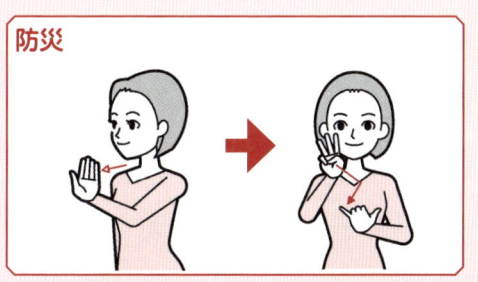

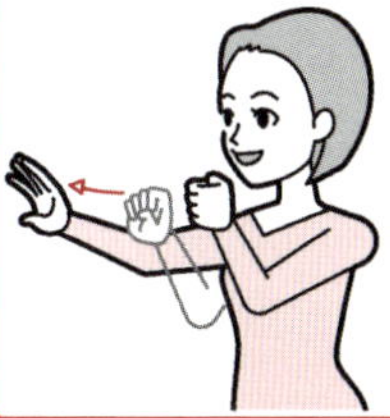

ステップアップ

●お互いに話してみましょう。

A「何が起きたの？」

B「【　　　　　】警報が出たので、
すぐ避難して」

A「近くの避難場所は
どこ？」

B「【 場　所 】」

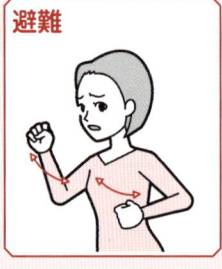

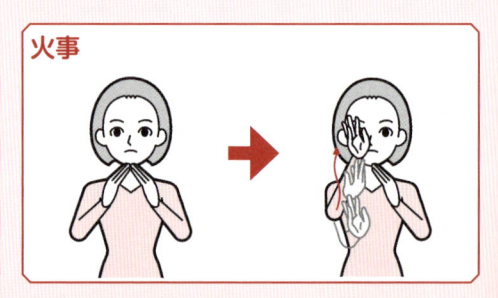

この単語を覚えよう!

起きる

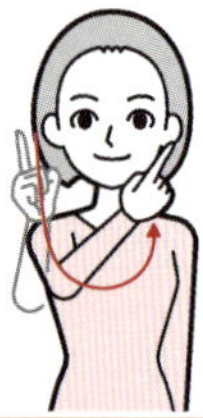

避難

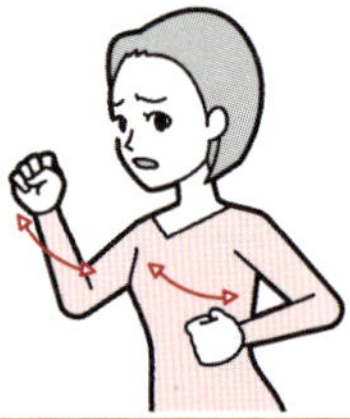

火事

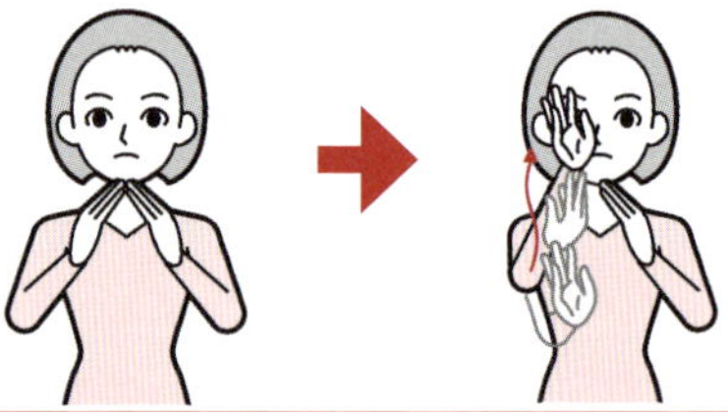

知ってほしいこと ⑦

ろう者と防災

　阪神・淡路大震災や東日本大震災のとき、ろう者はテレビやFAXが使えず、携帯メールもつながらず、自分の置かれた状況がわからないという「情報がない恐怖」にさらされました。また、災害が起きたときの情報は音声で伝えられることが多く、ろう者は音声では情報を得ることができません。

　災害や避難情報を文字で伝える「防災無線メール」や周囲の声かけなどがあれば、ろう者はとても心強く思い、安心するでしょう。

　災害が起きたとき周囲を見渡し、ろう者がいたら、簡単な手話でも良いので、話しかけてください。手話がわからないときは、身振りや筆談、携帯電話の画面で文字を表示するなどの方法で、情報を伝えてくださいね。

地震

津波

竜巻

噴火

講座 12 今まで学んだ手話を活かして話してみよう

地域のろう者と交流してみよう

★今まで学んだ手話を使って、ろう者と話をしてみましょう。

（テーマ例）

・私の趣味、行きたいところ、好きなこと

・ろう者の一日の生活を聞いてみる

・ろう者が今まで困ったこと

手話が思いつかないときは、空書き、身振りなどを使って工夫してみましょう。

ろう運動 －運転免許－

かつて、道路交通法88条に「耳が聞こえないもの、口がきけないもの」に免許を与えないとする条項がありました。そのため、ろう者は運転免許を持つことができず、就ける仕事も限られていました。

1967年に岩手在住のろう者が仕事のためにやむなく無免許でバイクを運転し、検挙され、裁判になったことから、全日本ろうあ連盟は88条改正を求めて、全国的な運動を展開しました。その結果1973年に補聴器を使用し10m離れて90デシベルの警音器の音が聞こえれば、免許取得が可能になりました。

その後も連盟は道路交通法改正の運動を続け、2008年に補聴器を使用しても聞こえない人の場合でも「ワイドミラーと聴覚障害者標識」を付けることで、免許取得が可能になりました。

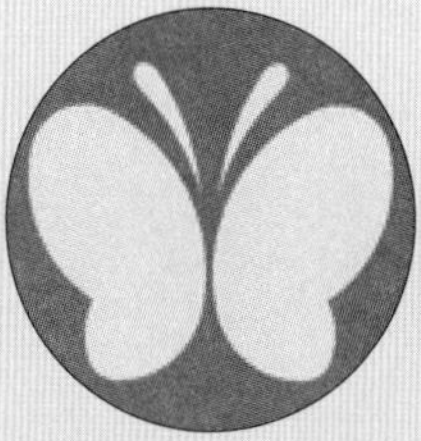

聴覚障害者標識

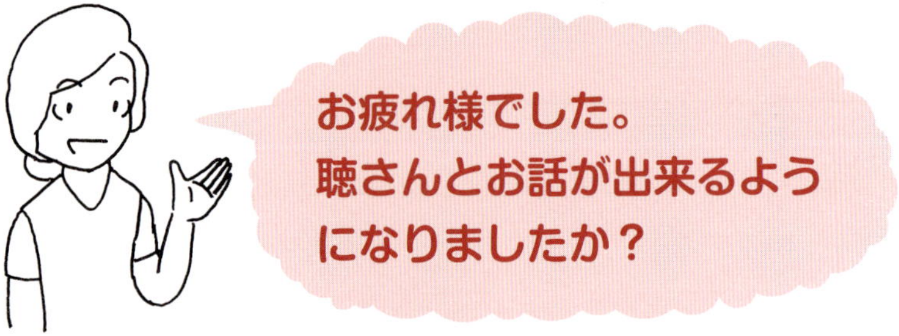
お疲れ様でした。
聴さんとお話が出来るようになりましたか？

学習を始めた時とは違う難しさや楽しさがでてきませんか？

少し難しい話になりますが、障害者権利条約の中で手話が言語として明記されてから世界各国で手話が広がっています。もちろん私たちが暮らす日本も同じです。これからいろいろな場所で手話にであう機会が増えると思います。皆さんが暮らす地域にもたくさんの聴さんがいます。この学習を良いきっかけにして手話を続けて頂けたら、聴さん家族の友人として私たちもとても嬉しく思います。

ろう運動 −全日本ろうあ連盟の活動−

全日本ろうあ連盟は、全国47都道府県に加盟団体を擁する全国唯一のろう者の団体です。1947年の創立以来、全国の仲間とともに、ろう者の暮らしと権利を守るために運動を続けてきました。

現在、連盟の取り組みは、福祉、労働、教育、防災、スポーツ、国際活動、出版、機関紙活動など多岐にわたっています。

出版、機関紙活動では、手話や聴覚障害者をめぐる諸問題を、手話を学ぶ人や市民の皆さんに広く周知、理解してもらうため、『日本聴力障害新聞』や『新しい手話』シリーズ、『わたしたちの手話 学習辞典』などを発行しています。

ろう者の暮らしと権利を守り、社会を変えていくために、これからも連盟は運動や取り組みを続けていきます。

2012年全国ろうあ者大会(京都府)

お役立ち単語集vol.1

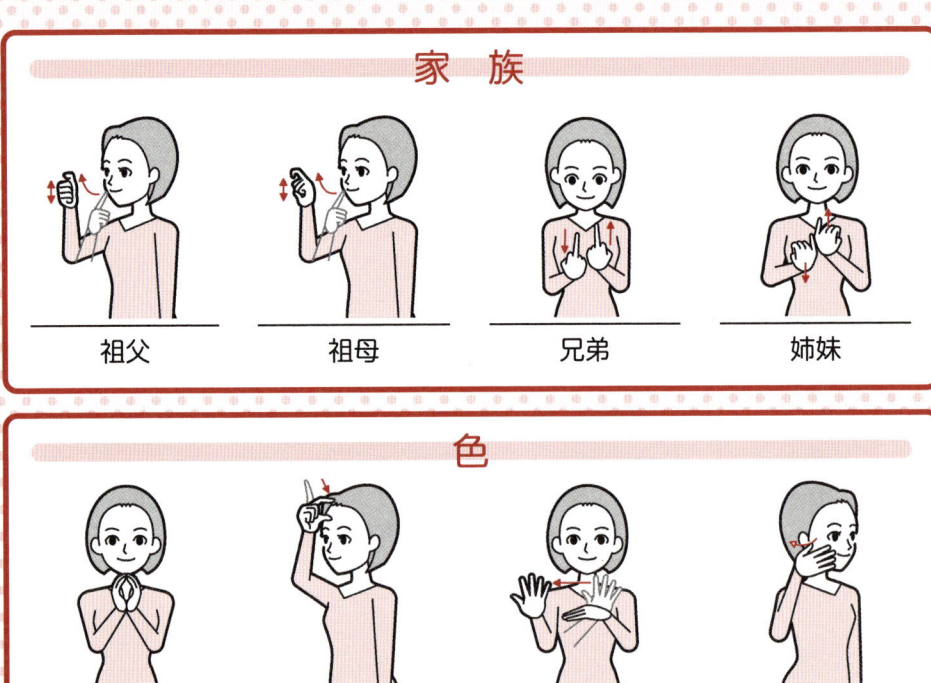

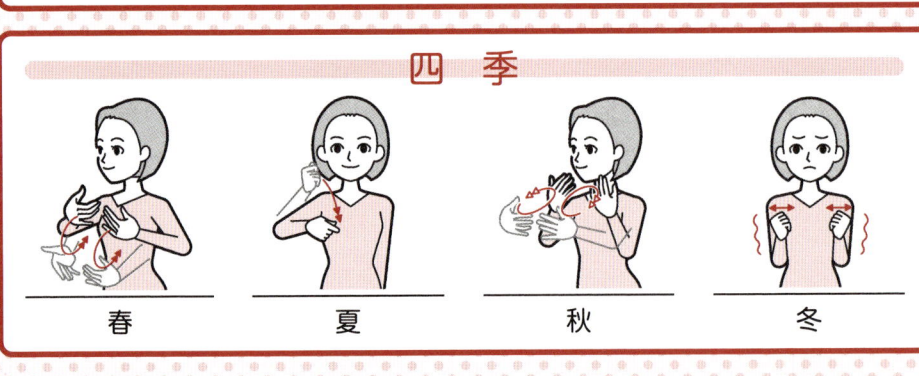

家族

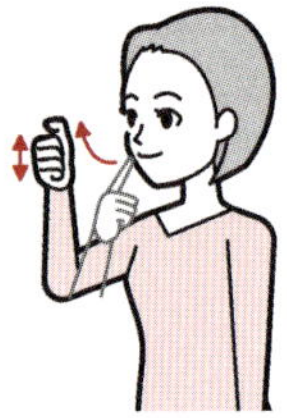
祖父

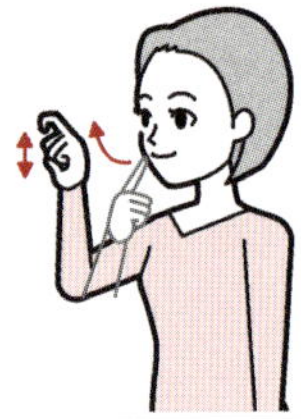
祖母

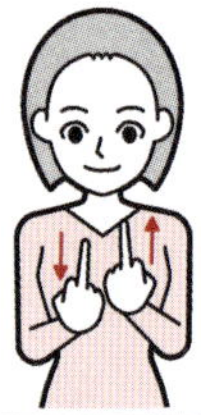
兄弟

姉妹

色

ピンク

黄色

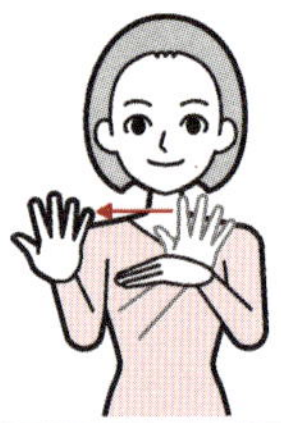
緑

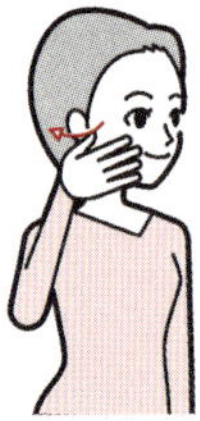
青

紫

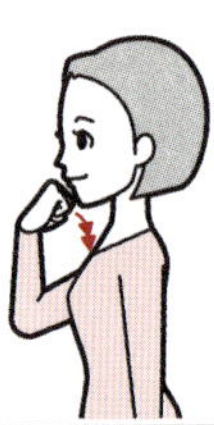
茶色

白

黒

四季

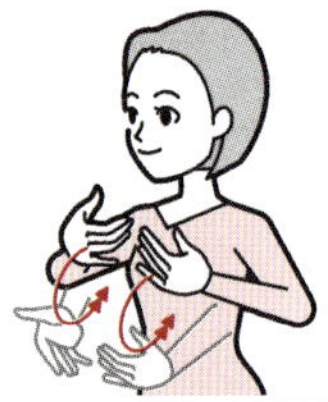
春

夏

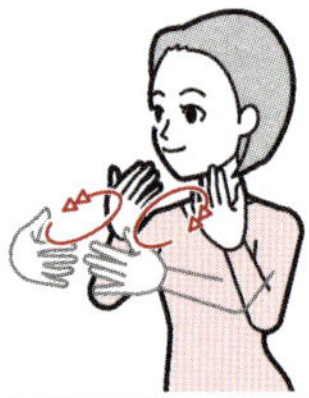
秋

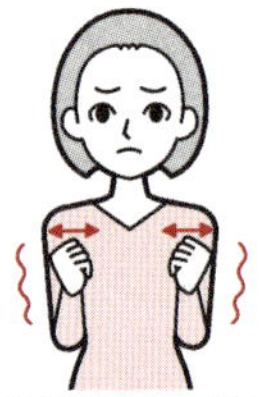
冬

コミュニケーション

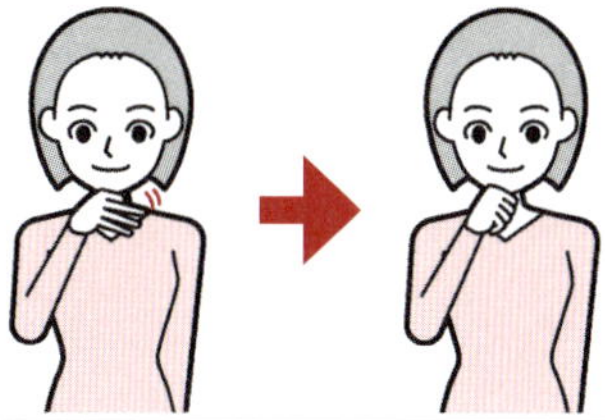

年齢

指文字

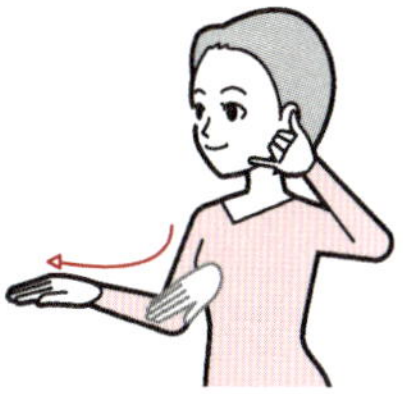

FAX

同じ(そう)

違う

ある

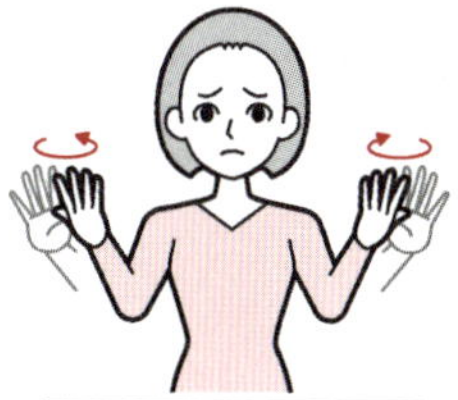

ない

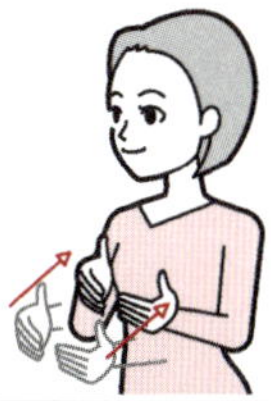

いる(必要)

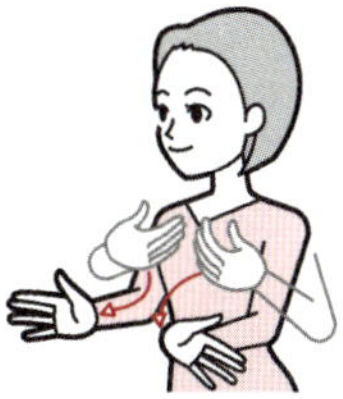

いらない(不要)

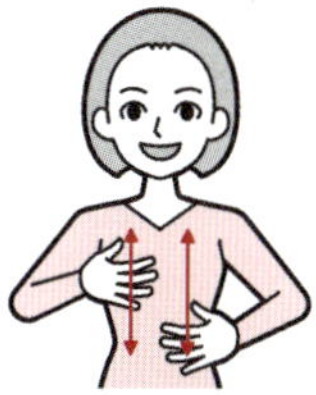

楽しい

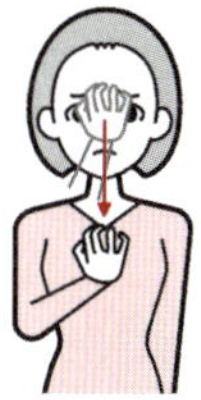

つまらない

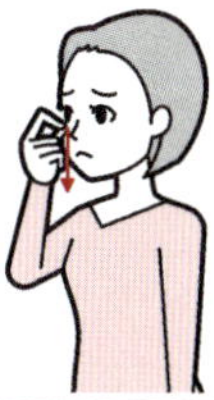

悲しい

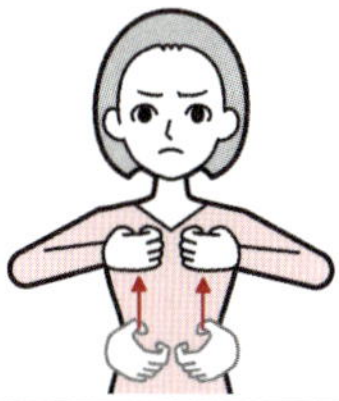

怒る

おいしい

まずい

お役立ち単語集vol.2

時間

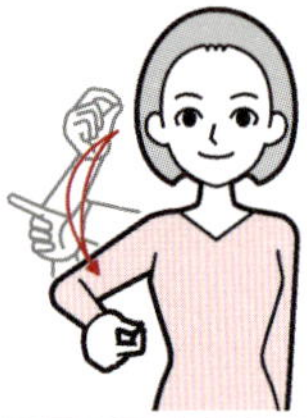
月曜日

火曜日

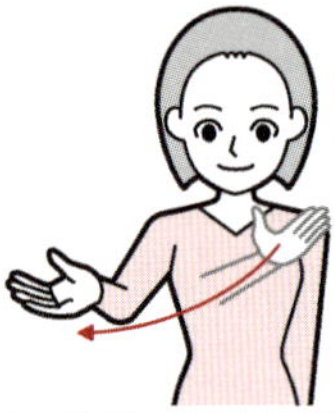
水曜日

木曜日

金曜日

土曜日

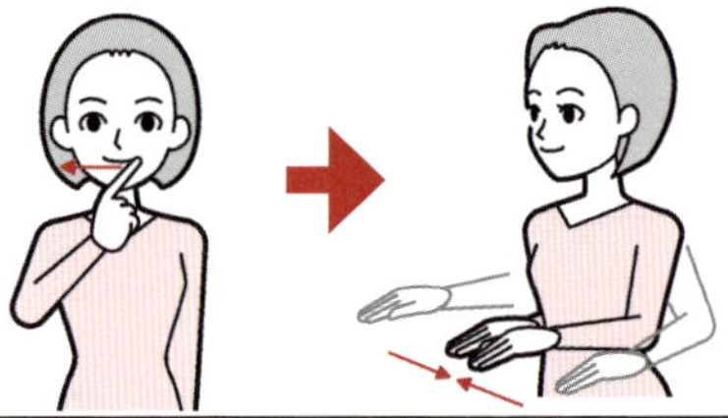
日曜日

明後日

昨日

おととい

来週

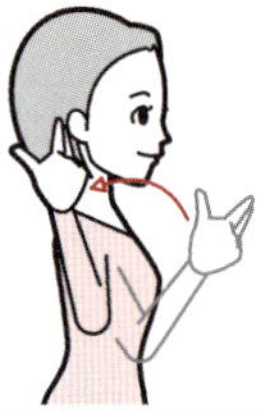
先週

毎週

一週間

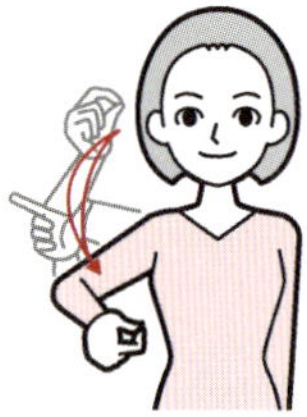
月

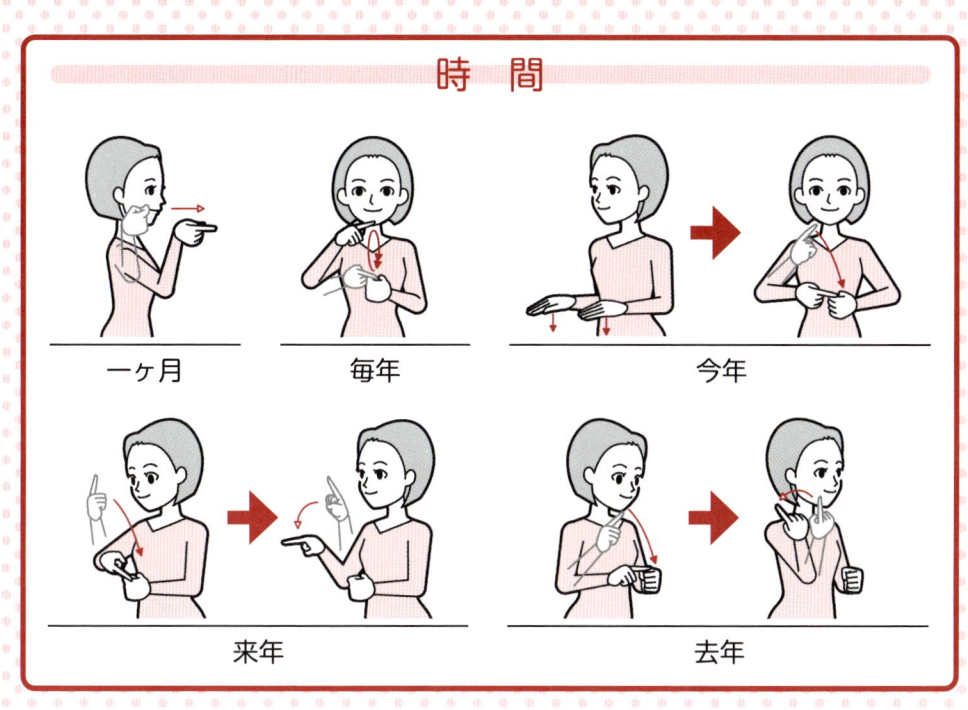

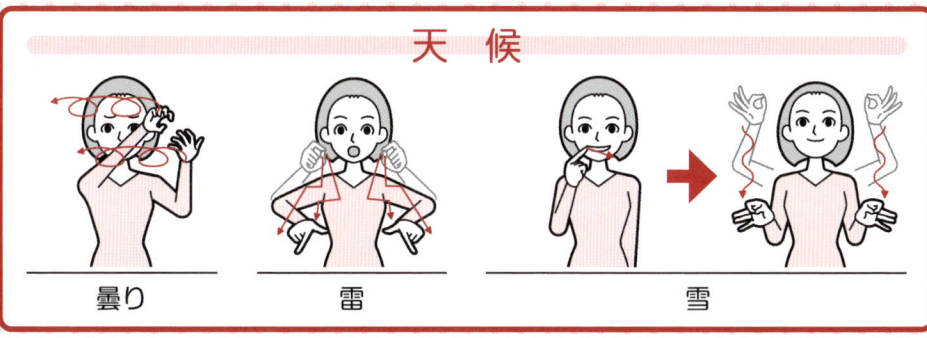

時間

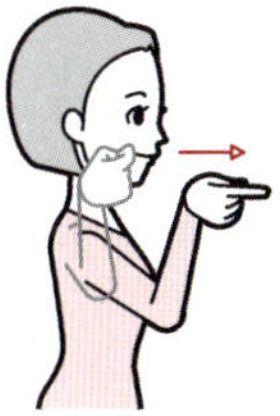
一ヶ月

毎年

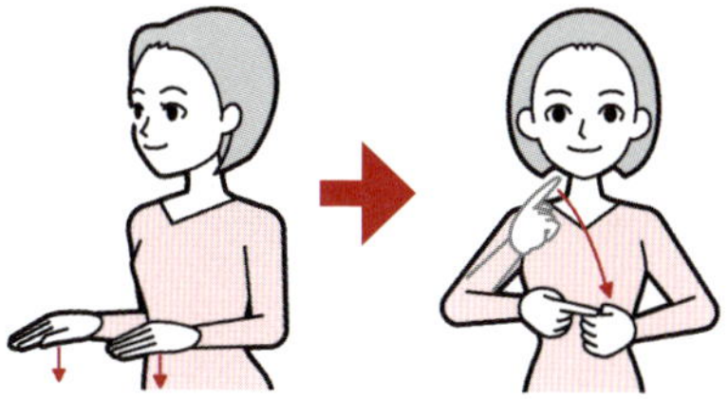
今年

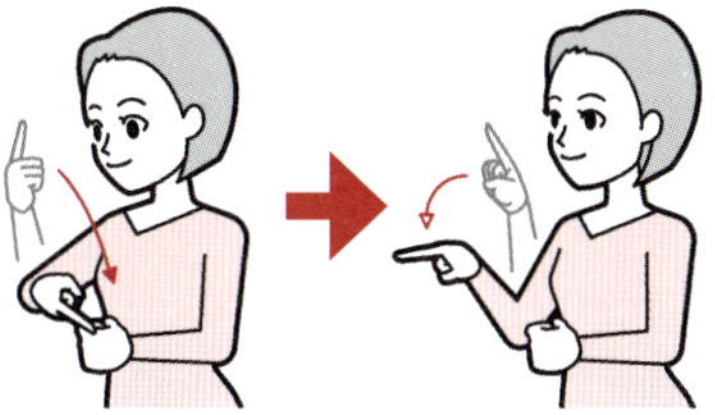
来年

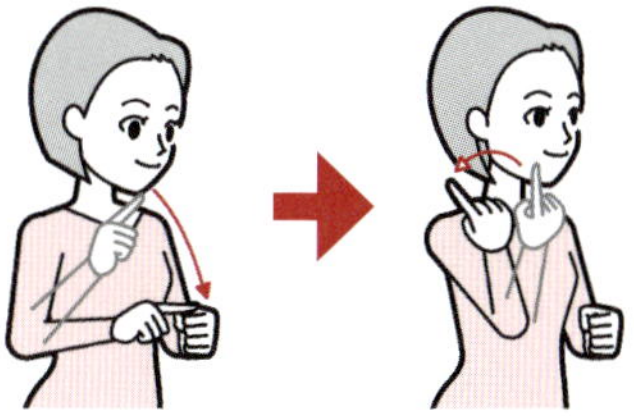
去年

天候

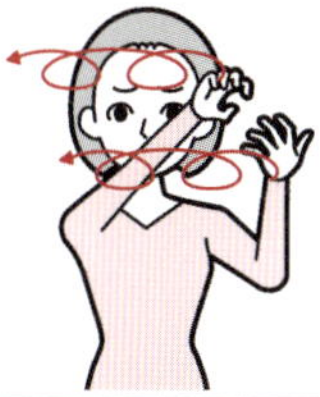
曇り

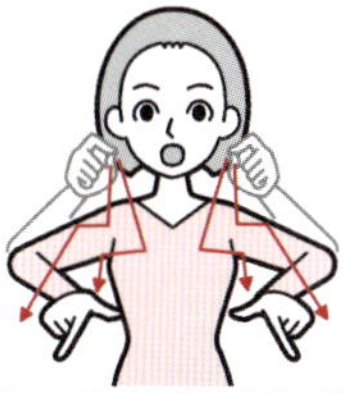
雷

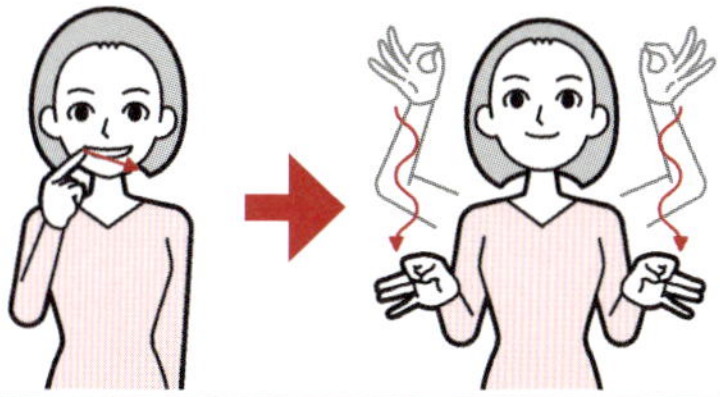
雪

乗り物

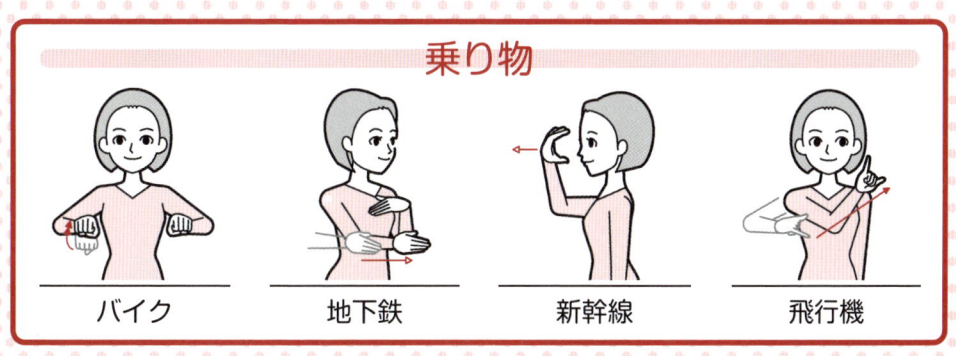

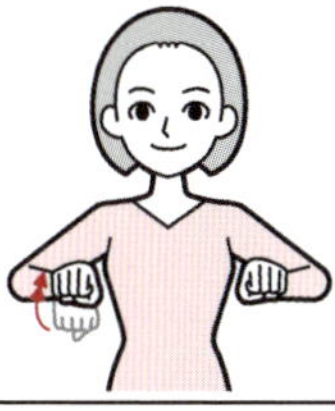
バイク

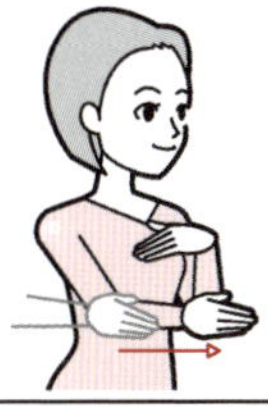
地下鉄

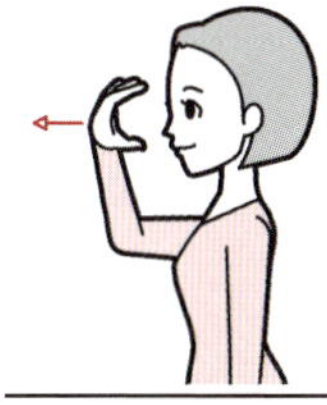
新幹線

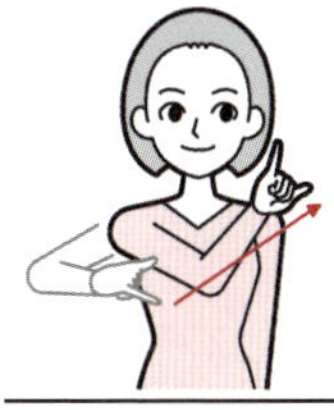
飛行機

指文字

大きな絵は相手から見た手の形になります。○で囲まれた小さな絵は指文字をしているあなたから見た手の形になります。

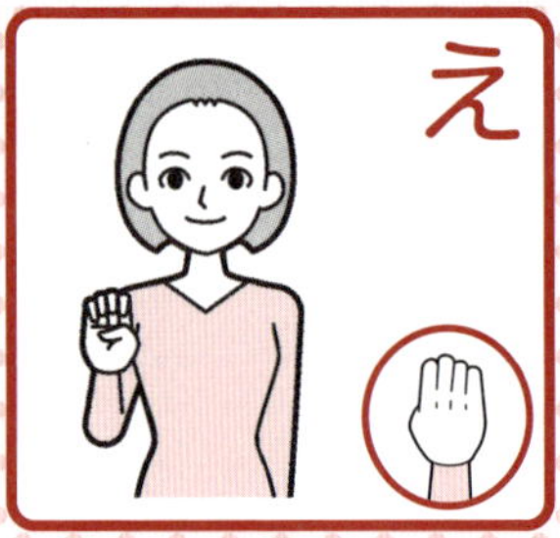

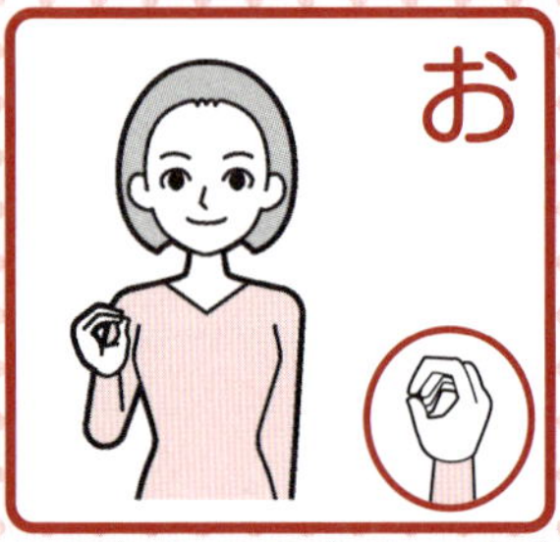

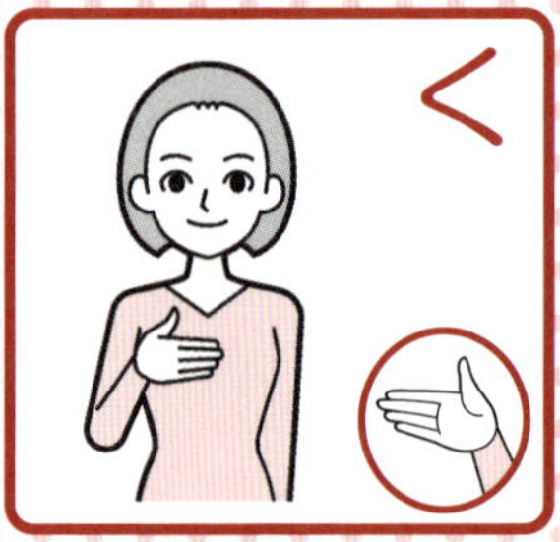

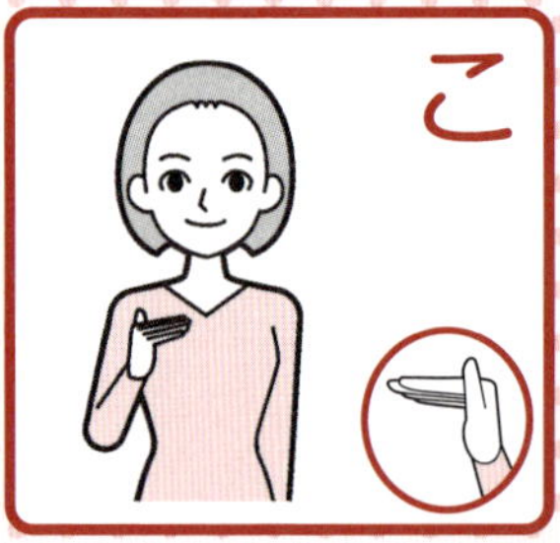

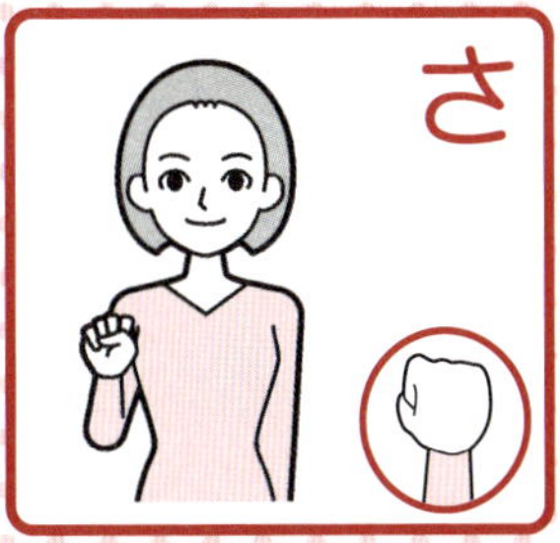
さ
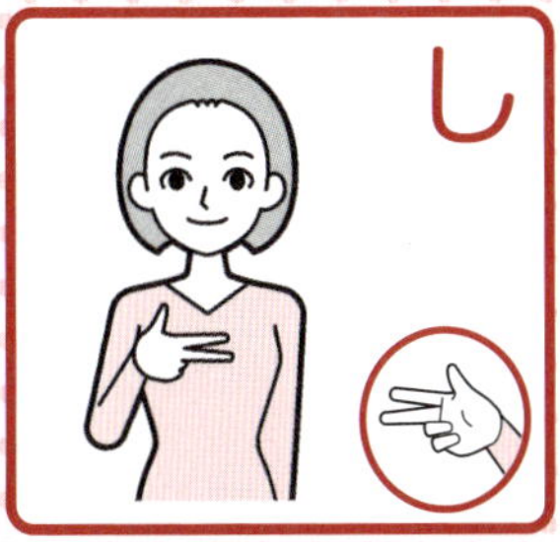
し
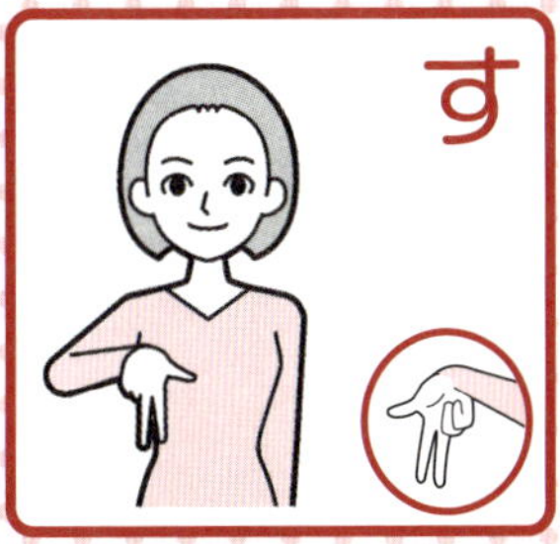
す

せ
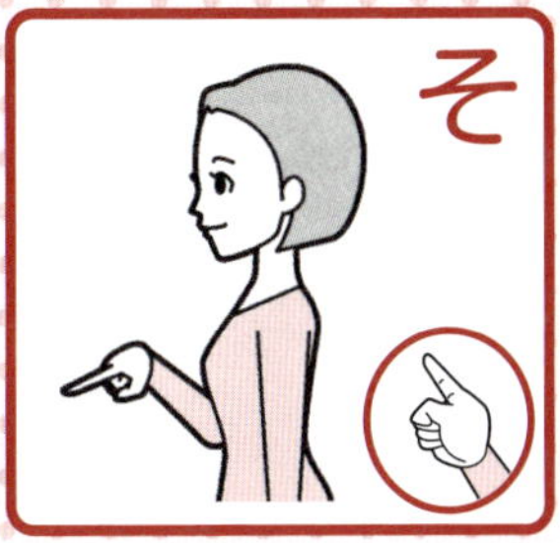
そ
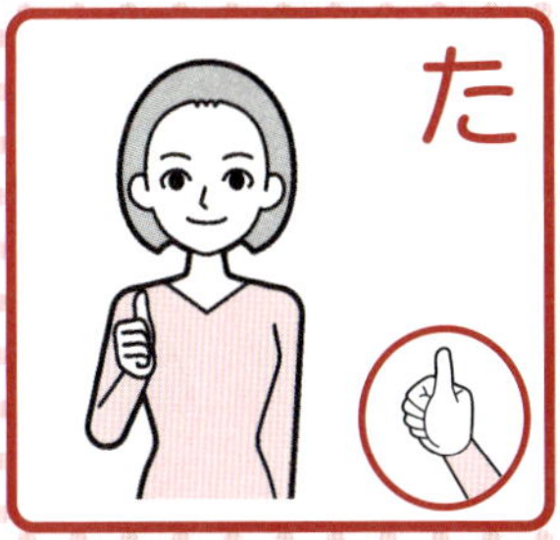
た
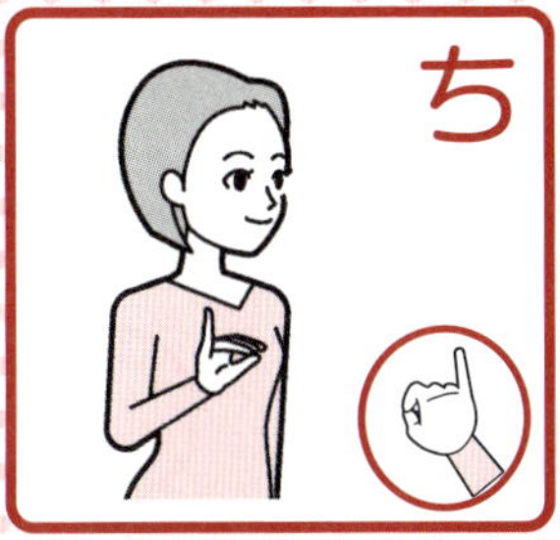
ち
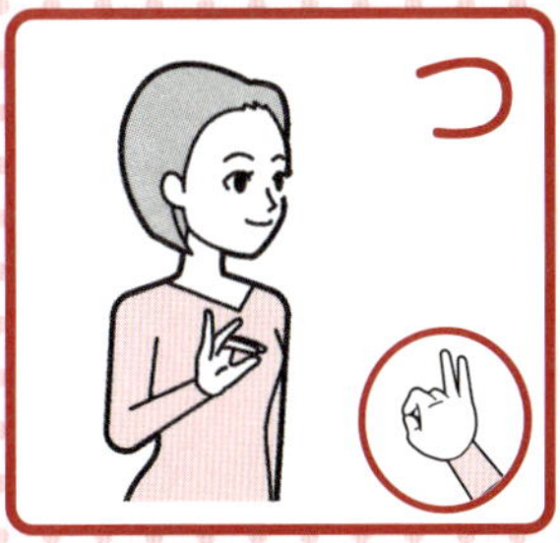
つ
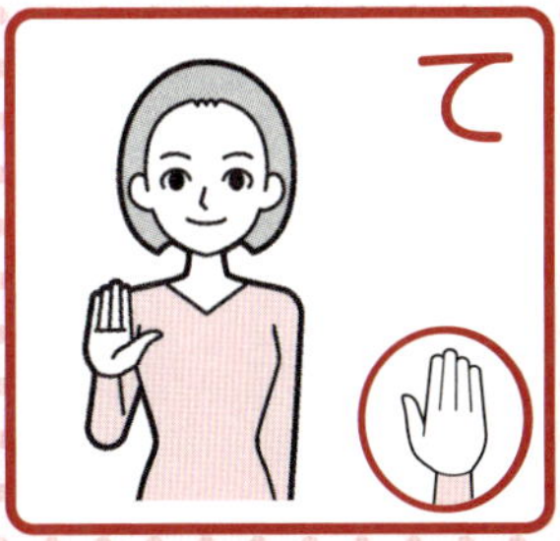
て

と
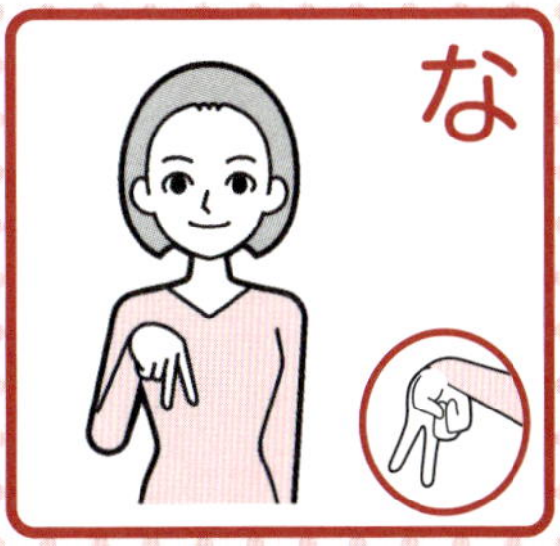
な
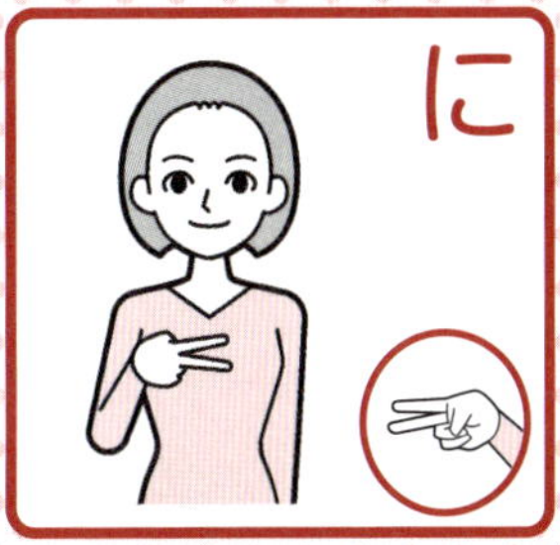
に

ぬ
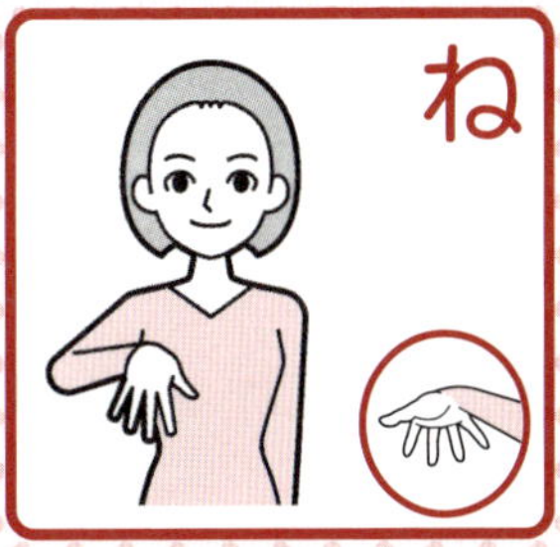
ね
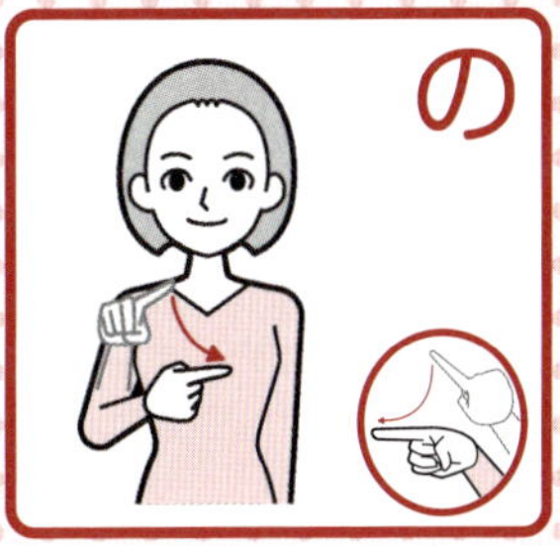
の

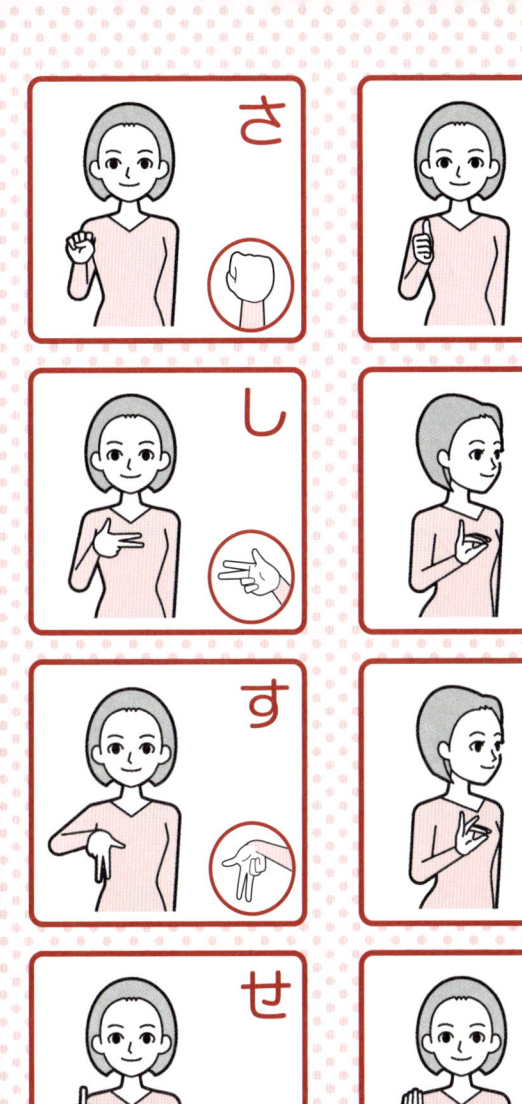

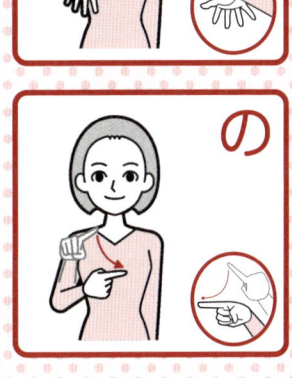

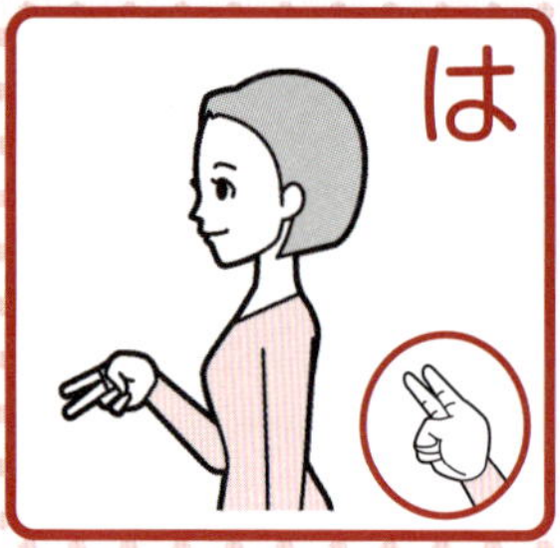
は

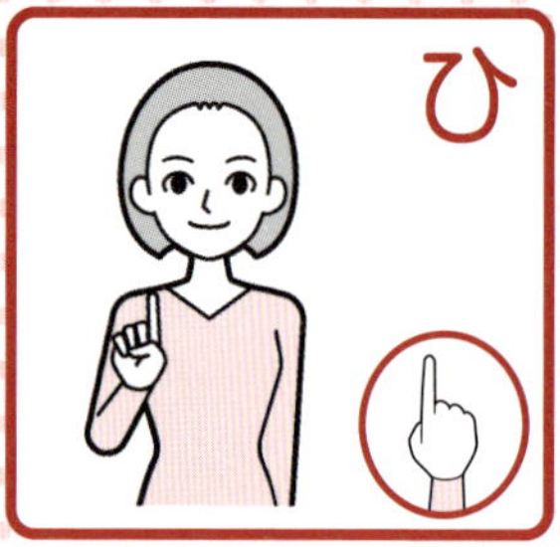
ひ

ふ

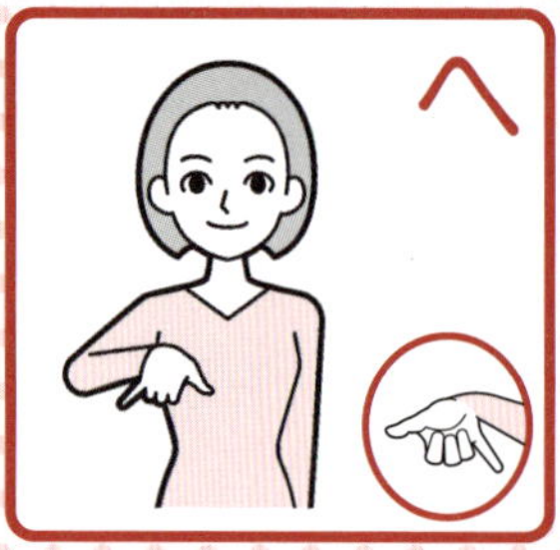
へ

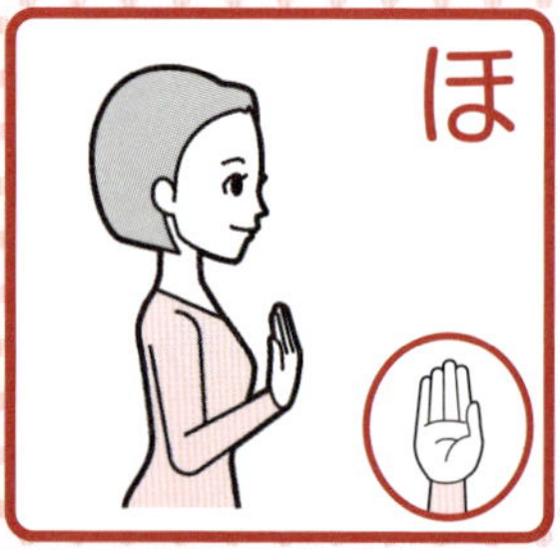
ほ

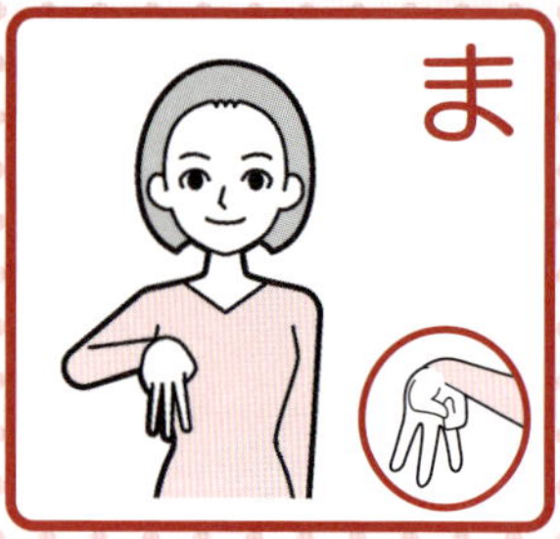
ま

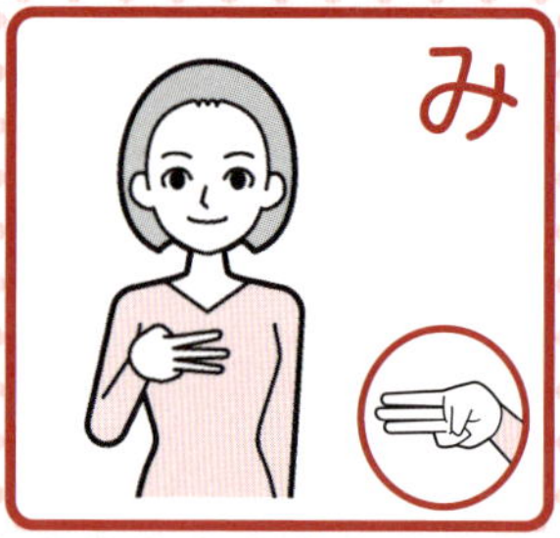
み

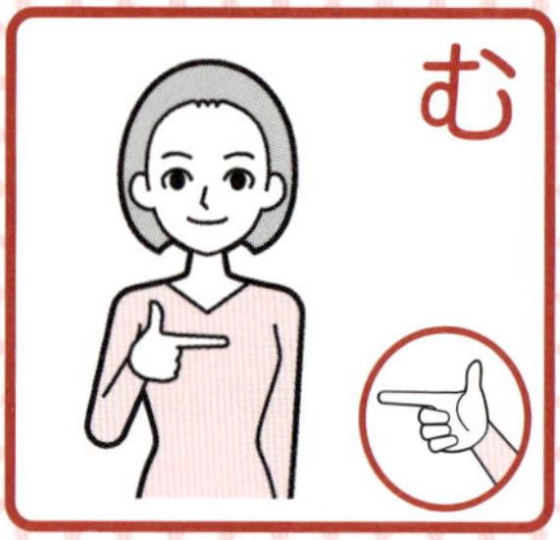
む

め

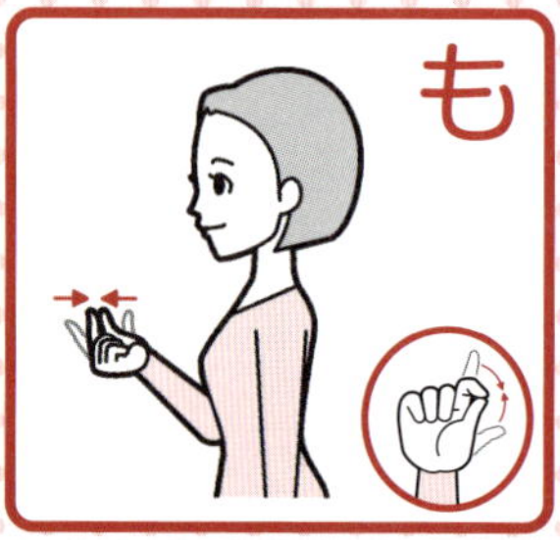
も

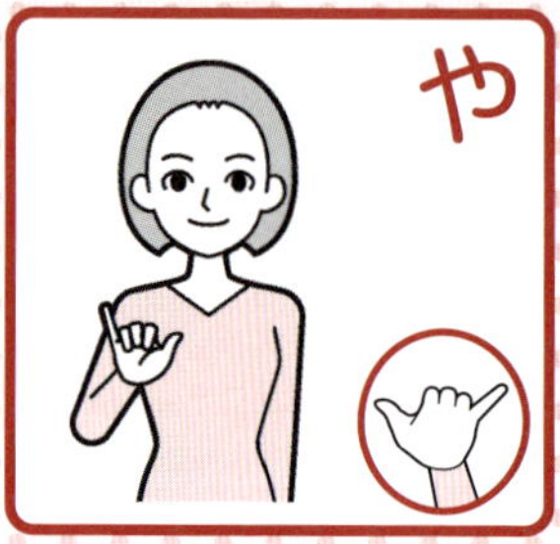
や

ゆ

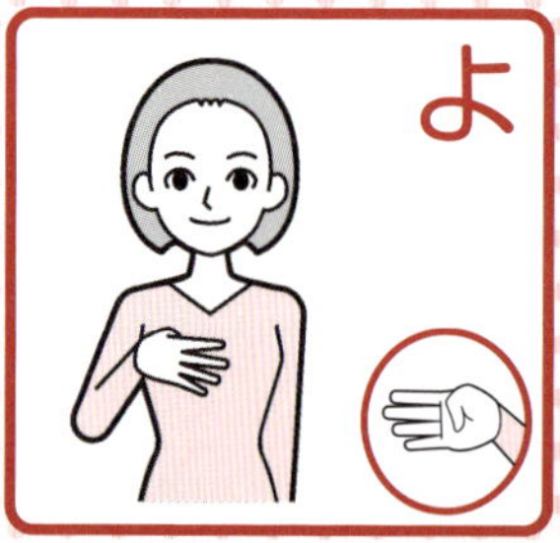
よ

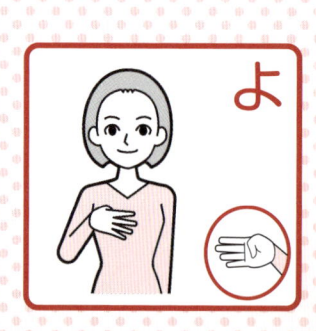

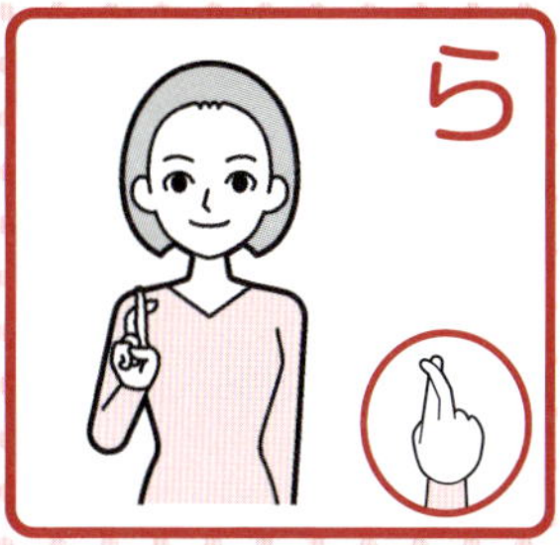
ら

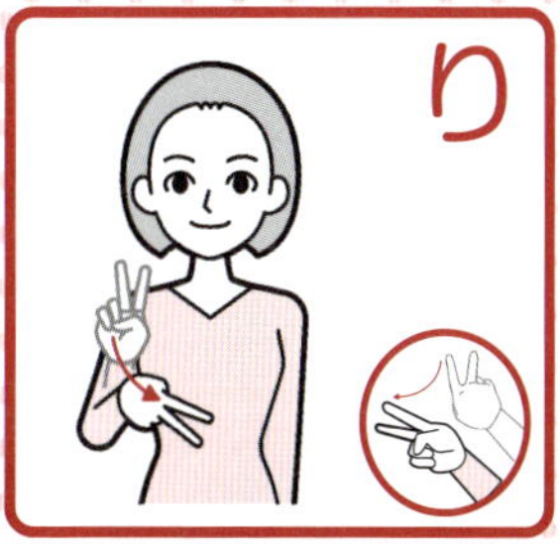
り

る

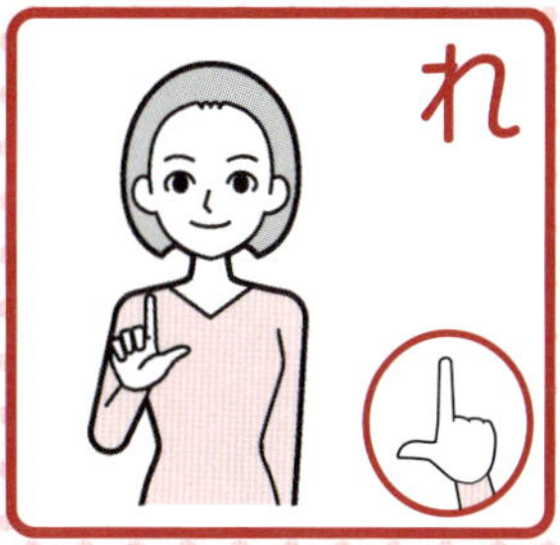
れ

ろ

わ

を

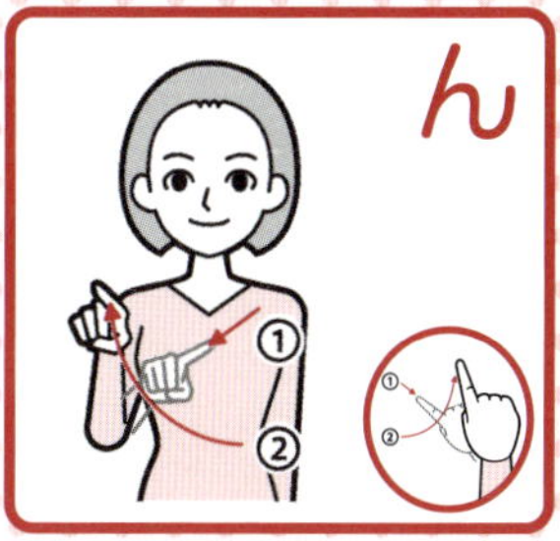
ん
①
②

「が」濁音

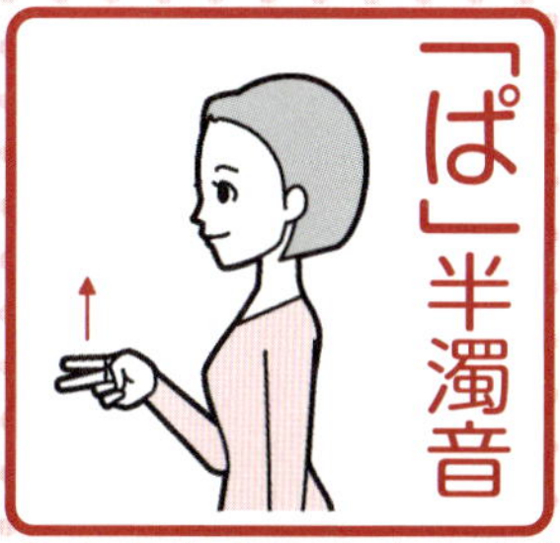
「ぱ」半濁音

「っ」促音

「ゃ」拗音

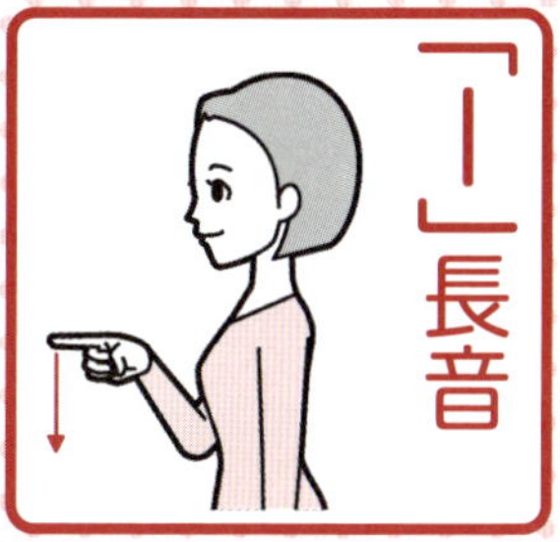
「ー」長音

数詞と数の単位

10、百、千、万、億、兆については(A)、(B)の二通りの表現が全国で見られます。

0

1

2

3

4

5

6

7

8

9

10(A)

10(B)

11

12

15

16

20

30

40

50

百(A)

百(B)

千(A)

千(B)

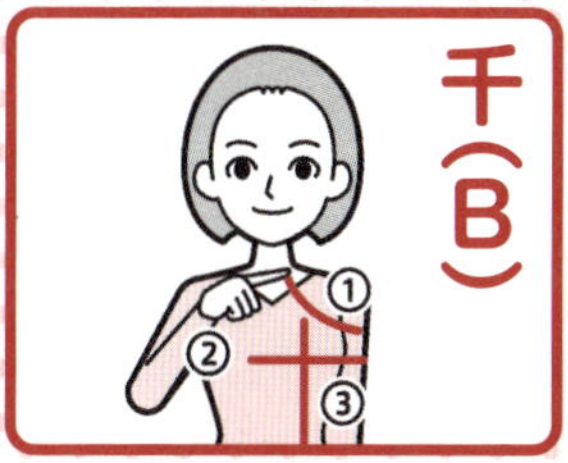

万(A)

万(B)

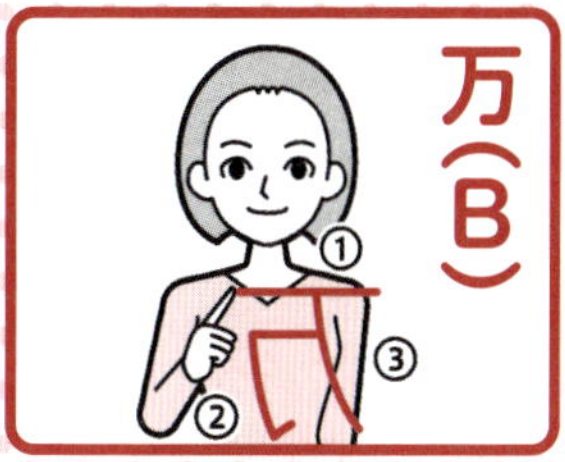

億(A)

億(B)

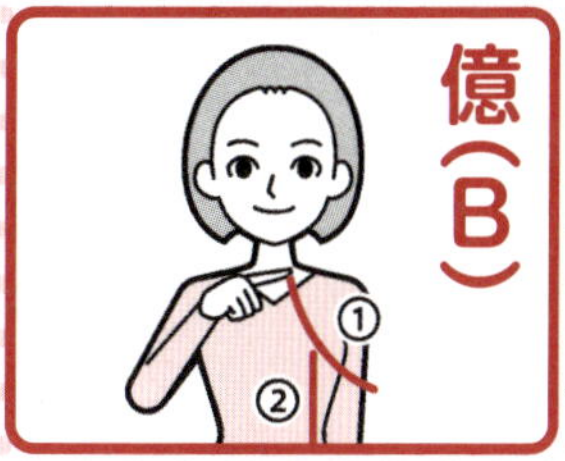

兆(A)

兆(B)

今すぐはじめる手話テキスト　聴さんと学ぼう!

編　　　集　市民向け手話学習テキスト編集委員会
倉野　直紀　　石橋　大吾　　岡野　美也子
山﨑　幸司　　吉原　孝治

イ ラ ス ト　表紙・本文　　　　ナカ・ミチ（中橋　道紀）
手話単語イラスト　株式会社アトム

定　　　価　900円（税込 990円）
ISBN978-4-904639-10-8　C0037　¥900E

印　　　刷　日本印刷株式会社

発　　　行　一般財団法人全日本ろうあ連盟
〒162-0801　東京都新宿区山吹町130　SKビル8階
電話 03-3268-8847　FAX 03-3267-3445
https://www.jfd.or.jp/

発　行　日　2014年　9月12日　初版発行
2023年　3月15日　第7刷